인도 불교사

붓다에서 암베드카르까지

차례

Contents

불교의 고향, 인도

인도의 역사는 히말라야 산의 나이와 같다고 말하기를 즐기는 인도인들. 그들이 자부하듯이 인도 문명의 뿌리는 매우 깊고 문화의 넓이 또한 헤아리기가 쉽지 않다. 그 유구한 세월 동안 인도의 사상과 문화적 유산들은 인류의 역사에 지대한 공헌을 해 왔다.

또한 인도인들의 종교적 성향은 세계 어느 나라에서도 찾아보기 힘든 독특한 문화를 이루었고, 그로 인해서 사람들은 인도를 종교의 나라 내지 신비의 나라로 규정하기를 주저하지 않는다. 이러한 사실은 그 누구도 부인하기 어려울 것이다. 그러한 종교 문화적 유산들 중에서도 첫손에 꼽히는 것이 바로 불교이다.

자연적 토양

불교가 인도에서 싹을 틔우게 된 여러 가지 요인들 중 하나로 꼽히는 것이 바로 인도 특유의 자연 환경이다.

인도 대륙에는 열대성 몬순 기후뿐 아니라 평야, 고원, 히말라야 산맥 지대에 이르기까지 다양한 지형에 따른 각종 기후대가 복합적으로 나타나고 있다. 인도의 국토에서 거의 전체가 계절적인 강우에 큰 영향을 받고 있는데, 해마다 6월과 9월 사이에 아라비아 해와 벵갈 만에서 불어오는 계절풍으로 인해서 극심한 양의 폭우가 내린다. 이 때 집중되는 최대 강우량은 수많은 재해의 원인이 되기도 한다.

사람들은 이러한 자연적인 환경, 즉 기후와 풍토가 인도인의 심성에도 적잖은 영향을 주었고, 그로 인해서 고행과 명상 수행이라는 독특한 전통이 발달했다고 말한다. 특히 갠지스 강을 중심으로 형성된 역사와 생활 문화는 전 인도의 사상적 색채를 주도할 만큼 큰 영향력을 갖고 있으며, 불교의 성립과 발전 또한 그 예외가 아니었다.

문화적 전통

기원전 3500년경부터 인더스 강 유역을 중심으로 형성되었던 고대 인도의 문명은 모헨조다로, 하랏파, 로탈 등지에서 발굴된 유물, 유적을 통해서 옛 모습을 적으나마 짐작할 수 있다. 예컨대 커다란 집들과 정교한 목욕장, 배수 시설, 넓은 도로와 활석으로 만든 예술적인 인장 등은 그 시대 사람들이 얼마나 풍요로운 문화를 누리고 살았는지를 잘 대변해 준다. 특히 인더스 인장들 속에 들어 있는 다양한 문양을 통해서 그 당시의 종교적인 의례라든지 수목 신앙, 요가 수행 등을 상상해 볼 수 있다. 예를 들어서, 요가의 한 자세를 취하고 있는 것이 확연해 보이는 인장 속의 인물이 정확히 누구인지 알 길은 없으나 일반적으로 요가 수행자 또는 요가 자세를 한 어떤 특정 인물일 것이라고 추정하고 있다.

요가는 슈라마나(śramaṇa) 전통의 핵심적인 수행 방법이다. 슈라마나 전통이란 인도의 문화적 갈래 중 하나로서 가장 오래된 문화와 사상을 통칭하는 말이다.

인도 문화의 역사를 크게 이분해 볼 때, 슈라마나 전통은 인더스 문명의 토착 원주민에 그 뿌리를 두고 계승된 문화를 가리키는 반면에, 브라마나 전통은 아리안족을 중심으로 한 문화를 말한다. 불교는 자이나교와 더불어서 슈라마나 전통에 속하며, 힌두교는 브라마나 전통을 이어 발전된 것이다. 하지만 역사 속에서 두 전통은 끊임없이 서로 영향을 주고받았다.

민족적 배경

브라마나 전통의 주역은 아리안족이다. 그들이 인더스 강 유역을 지배하기 전까지 그 지역에 살던 토착 원주민은 드라비다족이라고 구분하여 부른다.

아리얀족은 시베리아 남북과 투르키스탄 등지에 머물던 유목민으로서 기원전 18, 17세기경부터 민족 대이동을 시작하여 기원전 1500년경에 인더스 강 유역으로 진입했다. 그들은 이미 철기 문명을 향유하고 있었으며, 아직 청동기 시대에 머물러 있던 드라비다족은 아리얀족에게 흡수, 지배되기에 이르렀다고 추정하고 있다. 물론 이러한 견해에 대한 반대설도 적지 않다.

아리얀족들은 최초에 펀잡 지방에 머물다가 기원전 1000년경부터 서서히 갠지스 강 유역으로 이동하였고, 그들의 생활 방식도 차츰 유목에서 농경으로 변모하였다.

일반적인 민족적 특색을 구분하여 말하자면, 먼저 드라비다족은 짙은 흑색의 피부와 곱슬머리, 낮은 코가 특징적이다. 그에 비해서 아리얀족은 밝은 색의 피부와 직모直毛, 높은 코, 큰 키 등이 평균적인 특징으로 열거된다. 현재 인도의 종족 분포로 볼 때, 서부 인도에 순수 아리얀족이 많이 거주하고 있으며, 다른 지역은 드라비다족과 아리얀족이 혼혈된 종족이 분포하고 있다.

불교 경전에 "아버지 쪽으로나 어머니 쪽으로나 7세대에 걸쳐서 혈통이 순수하다"라고 브라마나를 평하는 구절이 나오는 것처럼 혈통의 순수함은 신분을 판단하는 데 매우 중요한 척도였던 것 같다. 하지만 현실적으로 순수 혈통을 유지하기란 쉽지 않다.

서로 다른 민족 간의 혼혈, 즉 드라비다족과 아리안족의 혼혈은 새로운 문화를 창출하기 마련이다. 이러한 문화적 교차와 창출은 새로운 사상과 종교의 출현을 예시해 주는 밑거름이 되었다.

정치 사회적 변화

펀잡 지역에서 갠지스 강 유역으로 이동한 아리안족은 농업을 기반으로 하여 소도시를 형성하였고, 기원전 7세기경에는 상당한 세력을 지닌 도시 국가들이 성립하였다. 또한 농업의 번성과 함께, 농업 생산물의 교환을 목적으로 하는 상업과 농경용 기구 또는 생활 용품을 생산하는 수공업도 성행하게 되었다. 이에 따라 점차로 소도시들이 늘어나고 그를 기반으로 새롭게 대두된 자산가 계층의 지지를 바탕으로 전제 군주가 출현하여 여러 나라가 성립되었다.

그 당시 번성했던 16대국은 앙가, 마가다, 카시, 코살라, 밧지, 말라, 체티, 밤사, 쿠루, 판찰라, 맛차, 수라세나, 앗사카, 아반티, 간다라, 캄보자 등이다. 대체로 부족 연맹과 전제 왕권의 과도기 형태를 취하고 있었던 이 도시 국가들은 대부분 갠지스 강의 동부 지역에 집중되어 있었다.

16대국의 통치 형태는 군주 정치와 공화 정치로 나눌 수 있다. 밧지국과 말라국은 부족 공화 정치 형태를 취하고 있었으며, 코살라국과 마가다국을 비롯한 대부분의 국가들은 전제적인 국왕이 통치하는 군주 정치의 형태였다. 그 중에서 특히 코살라와 마가다가 최강국이었으며, 중심 세력으로서 패권을 다투었다.

도시 국가들 간의 정복 전쟁은 기원전 4세기경까지 이어졌는데, 특히 마가다국의 빔비사라 왕이 작은 나라들을 정복 또는 병합시켜서 대제국으로 성장하는 기틀을 닦았다. 그리고 이러한 도시 국가의 형성기에 인도의 근간을 이루는 사회 제도가 확고하게 정립되었다. 드라비다족을 비롯한 토착 원주민들을 하층민으로 복속시키고 아리얀족의 우월성을 강조하던 민족 의식은 독특한 사회적 신분 제도인 4성姓 제도를 창출해 냈다.

4성은 제1 브라마나 계층, 즉 제관祭官이나 사제, 제2 크샤트리야 계층, 즉 왕족, 귀족, 무사 등, 제3 바이쉬야 계층, 즉 상인과 평민, 제4 슈드라 계층, 즉 최하층민 등으로 이루어져 있다. 이 4성 제도는 현대에 이르기까지 인도 사회의 기반을 이루는 대표적인 사회적 신분 체계이기도 하다.

그러나 이와 같은 4성 제도의 정립 시기는 아리얀족의 도래 초기부터 정립된 것은 아니며, 시대의 흐름에 따라 지금의 형태를 갖추게 된 것이라고 보고 있다. 예컨대 기원전 2세경부터 서기 2세기경에 걸쳐서 성립된 『마누 법전』에 이르러서야 정립된 형태의 4성 제도가 나타난다. 그에 따르면 제1, 제2 계층 외에는 거의 인격적 대접을 받지 못했던 것으로 보인다. 특히 슈드라 계층은 인신 매매의 대상이었고, 가령 죽인다 해도 아무런 죄가 되지 않을 만큼 혹독하고 불평등한 신분 제도였다. 또한 서로 다른 계층 간에 혼인하는 것도 금지되었다. 다만, 주목할 만한 것은 아리안족이 드라비다족을 비롯한 토착 원주민들의 관습이나 문화를 말살하지는 않았으며, 도리어 그들의 종교관을 비롯하여 관습과 생활 문화를 수용했다는 사실이다. 그 중 대표적인 것으로 꼽히는 것이 쉬바 신앙과 요가 수행이다.

시대적 사상의 흐름

기원전 6세기경에 이르러 종래의 사회적 계층 제도가 무너지기 시작했으며, 브라만교에 따른 전통적인 습속이나 의례를 지키는 기풍도 점차로 약화되었다. 그와 더불어서 많은 자유 사상가들이 등장하기 시작했는데, 특히 갠지스 강 중류의 마가다국과 코살라국이 그 중심적 활동지가 되었다.

그들은 신과 조상에 대한 제사를 중요시하는 브라만교에 대립되는 사상을 설파하면서 곳곳을 떠돌아 다녔으며 삭발과 걸식을 기본으로 삼았다. 그들이 바로 슈라마나라 불리는 수행자들이다. 그들은 차츰 집단을 이루어 생활 공동체를 형성했는데, 그 집단을 상가(saṃgha), 즉 승가僧伽라고 불렀다.

슈라마나들은 반反브라마나적 사상을 널리 펼치면서 새로운 유파를 형성하였다. 그 시대의 자유 사상가들이 주장했던 내용은 대체로 다음 다섯 가지의 부류로 요약할 수 있다.

첫째, 고통과 행복은 모두 전생의 업(karma) 때문이다.

둘째, 모든 존재의 운명은 세계를 창조하고 지배하는 신에게 달려 있다.

셋째, 사람의 운명은 그 육체를 형성하고 있는 지, 수, 화, 풍 등의 여러 요소의 결합 상태에 달려 있다.

넷째, 인생은 출신 신분이나 가문에 따라 결정된다.

다섯째, 고통과 행복은 정해져 있는 어떤 원인에 의한 것이 아니며, 현재 일어나고 있는 우연적인 원인에 달려 있다.

이러한 다섯 가지의 논점은 현 시대를 사는 우리들에게도 매우 의미 있는 인류의 보편적인 사색거리라는 점에서 주의를 끈다.

불교 경전에서는 이러한 자유 사상을 주도했던 대표적인 슈라마나들을 '6사師 외도'라고 통칭하고 있다. 하지만 6사 외도란 그 당시 갠지스 강 중류 지방에서 활약하던 수많은 슈라마나들 중 대표적인 여섯 사람에 대해 불교 쪽에서 부르는 용례일 뿐이다. 다른 문헌에서는 훨씬 다양한 견해와 수많은 슈라마나의 사상들이 소개되고 있다.

불교에서 말하는 6사 외도와 그들의 사상에 대해, 장아함경의 제27경인 『사문과경沙門果經』에서 거론하고 있는 순서에 따라 요약하자면 다음과 같다.

첫째, 푸라나 카쉬야파는 도덕 부정설, 즉 어떤 행위에

상응하는 결과가 없다고 주장했다.

둘째, 막칼리 고살라는 존재란 12요소, 즉 영혼, 지地, 수水, 화火, 풍風, 허공虛空, 득得, 실失, 고苦, 낙樂, 생生, 사死 등으로 이루어진다고 주장했다.

셋째, 아지타 케사캄발린은 4요소설, 즉 존재란 지, 수, 화, 풍 등 네 가지로 구성되어 있다고 주장했다.

넷째, 파쿠다 캇차야나는 7요소설, 즉 지, 수, 화, 풍, 고통, 쾌락(樂), 영혼 등의 7요소가 존재의 기본이라고 주장했다.

다섯째, 니르그란타 갸티푸트라는 6실재설, 즉 영혼, 운동, 정지, 허공, 시간, 물질 등 여섯 가지가 궁극적인 실재라고 주장했다.

여섯째, 산자야 벨랏티풋타는 회의론 또는 불가지론을 주장했다.

이와 같이 기원전 6세기 전후 시대의 수많은 사상가들 중에서도 교단을 형성하여 제자를 길러 낼 만큼 가장 강력했던 셋을 꼽자면, 니르그란타 갸티푸트라가 이끄는 자이나교와 막칼리 고살라가 이끄는 아지비카교, 그리고 가우타마 붓다가 세운 불교 교단을 들 수 있다. 세 교단들 중에서도 현재까지 인도에 그 전통이 남아 전하는 교단은 자이나교와 불교뿐이다. 두 교단은 역사의 흐름 속에서 인도의 흙 속에, 사람들의 마음속에, 깊숙이 뿌리를 내리고 번성하기에 이르렀다.

가우타마 붓다의 생애

　종교학의 분류에 따르자면 불교는 창시 종교에 속한다. 가우타마 붓다라는 한 인물에 의해서 비로소 초석이 놓이기 시작한 불교는, 특정한 신을 믿고 그 신의 계시를 중심으로 하여 성립되는 유신有神 종교와는 많은 차이가 있다.

　가우타마 붓다(Gautama Buddha)의 위대성만큼이나 그 생존 연대에 대한 학설도 매우 다양하다. 우리나라 불교 교단에서 따르고 있는 불기佛紀는 기원전 544년에 세수 80세에 열반했다는 설을 기준으로 삼고 있다. 하지만 다수의 역사학자들은 붓다의 연대를 기원전 563~483년이라고 본다.

　붓다의 일생에 대한 후대인들의 신화적인 가필에도 불구하고 분명한 것은 그가 역사적 실존 인물이었다는 점이다.

고귀한 잉태와 탄생

　가우타마 붓다가 태어나서 구도의 길을 떠날 때까지 살았던 곳은 카필라바스투였다. 그 곳은 샤키야국의 수도였다.

　고대 인도에서는 한 종족이 곧 하나의 독립한 나라를 이루고 있었다. 슛도다나 왕이 이끌던 샤키야족도 귀족 공화제 형식의 독립국으로서 샤키야국이라 불렸다. 왕비는 콜리야족의 왕가 출신이었다. 그런데 슛도다나 왕과 마하마야 왕비 사이에는 아이가 없었다. 오랫동안 아이가 생기지 않아서 근심으로 보내던 중, 어느 날 왕비는 상서로운 꿈을 꾸었다. 그녀의 뱃속으로 흰 코끼리가 들어오는 태몽이었다. 이름 높은 현자들은 왕자의 탄생을 예언하였고, 슛도다나 왕을 비롯하여 온 나라 사람들이 매우 기뻐하였다. 흰 코끼리는 왕권을 상징하는 길조였기 때문이다.

　출산할 날이 다가오자 왕비는 데바다하에 있는 친정으로 가기 위해 길을 떠났다. 그런데 향기로운 봄꽃이 만발한 룸비니 동산에 이르러서, 산기를 느낀 왕비는 아쇼카(aśoka) 나무 한 가지를 잡고 서서 무사히 왕자를 낳았다. 태어나자마자 왕자는 사방을 둘러보고 나서 일곱 걸음을 걸었고, 그 걸음걸음마다 연꽃이 피어오르고 하늘에서는 꽃비가 내렸다고 전한다. 그 날은 인도력으로 바이샤카 달 보름달 뜨는 날이었다. 왕자가 태어난 지 닷새가 되는 날, 슛도다나 왕은 성대한 명명식을 열고 아들의 이름을 싯다르타로 지었다.

숫도다나 가문의 성씨는 고타마였다. 그래서 왕자는 '고타마 씨족에 속하다'라는 뜻인 '가우타마'를 붙여서 "싯다르타 가우타마"로 불렸다. 그런데 불행하게도 마하마야 왕비는 출산한 지 이레 만에 세상을 떠나고 말았다. 숫도다나 왕은 마하마야의 여동생이었던 마하파자파티 고타미를 왕비로 맞아들였고, 그녀가 왕자를 길렀다. 마하파자파티 고타미 왕비는 싯다르타의 두 동생, 난다와 순다리 난다를 낳았다.

싯다르타 왕자의 성장기

싯다르타 왕자는 숫도다나 왕과 마하파자파티 고타미 왕비의 세심한 양육 덕분에 훌륭하게 자라났다. 그는 빼어난 용모와 탁월한 성품으로 모든 사람들의 사랑과 존경 속에서 성장했다. 부왕의 왕위를 이어 왕이 되기에 조금도 손색없이 자라난 싯다르타. 그는 어려서부터 조용한 성품으로 사색에 잠기길 좋아했다.

어느 봄날 궁 밖으로 나간 싯다르타는 한 농부가 소를 몰며 밭이랑을 고르는 모습을 보았다. 농부의 채찍에 시달리고 있는 여윈 소의 모습과 따가운 태양 아래서 일해야 하는 인간의 현실을 보고 왕자는 연민의 정을 떨칠 수 없었다.

"왜 생명 있는 것들은 서로를 학대해야 하는가? 이 끝없는 고통의 수레바퀴를 멈추게 할 수는 없는가?"

싯다르타는 이렇게 번민하면서 삶과 죽음의 실상에 대해

의문을 품기 시작했다. 갈수록 그의 번민과 명상의 깊이는 더해만 갔다.

숫도다나 왕은 왕자의 기분을 좋게 만들고자 여러 가지로 노력했다. 왕자를 위해 궁전을 세 개나 지어 주었고, 왕자는 궁 밖으로 나가지 않고도 온갖 쾌락에 둘러싸여 즐길 수 있었다. 하지만 어떤 쾌락도 왕자의 마음을 사로잡지는 못했다. 쾌락과 향락은 왕자로 하여금 더 깊은 인간의 고통을 느끼게 할 따름이었다. 현명한 영혼에게는 즐거움과 고통은 똑같이 지혜를 단련하는 시험대일 뿐이었기에……. 그러자 왕은 서둘러 결혼을 시켰다. 왕자의 나이 열여섯 살 때, 동갑이었던 사촌 야쇼다라와 결혼했다. 둘 사이에 아들 라훌라가 태어났다.

행복했던 결혼 생활에도 불구하고 싯다르타는 끝없이 번민하면서 홀로 명상에 잠기는 날이 늘어만 갔다. 결국 싯다르타는 왕궁을 떠나 구도의 길을 걷기로 결심한다. 그의 나이 29세 때였다.

슈라마나 수행기

싯다르타의 출가 동기는 사문유관四門遊觀이라는 일화 속에 담겨 전한다. 사문유관이란 싯다르타가 카필라바스투 성의 동·남·서·북, 네 성문으로 각각 나가서, 동문에서는 늙은이를 보고, 남문에서는 병든 이를 보고, 서문에서는 죽은 사람을 보고, 북문으로 나가서는 슈라마나 수행자를 보고서 드디어 출가할 뜻을 품었다는 계기를 말해 주는 설화이다. 이 설화를 통해 우리가 알 수 있는 것은 싯다르타의 출가 동기는 무엇보다도 인간 존재의 본질적인 문제를 해결하는 데 있었다는 점이다. 그는 출가 수행을 통해서 인간 존재의 근원적인 고통 문제에 대한 답을 구하고자 했다. 그리하여 반드시 모든 인간을 일체 고통으로부터 구원하리라고 결심했다.

슈라마나 출가자로서의 삶을 시작한 싯다르타는 가르침을 줄 스승을 찾아 배움을 청했다. 약 6년 동안 싯다르타는 이곳저곳 떠돌아다니면서 여러 스승들에게 고행과 명상 수행을 배워 익혔다.

바이샬리에서는 알라다 칼라마의 지도로 명상법을 배웠고, 라자그리하에서는 우드라카 라마푸트라 아래서 수행했다.

싯다르타는 혹심한 고행으로 인해서 거의 죽음의 문턱에 이를 정도였으나 스스로 만족할 만한 깨달음을 얻을 수는 없었다. 그런데 때마침 들려오는 노랫소리……

"악기의 줄을 너무 당기지 말라. 그 줄이 끊어지게 되리라. 너무 느슨하게 풀어 놓지도 말라. 그러면 아름다운 소리가 나지 않으리라."

그는 결단을 내렸다. 고행을 포기하기로. 그로부터 싯다르타는 나이란자나 강변 우루빌바 마을에 머물며 홀로 선정 수행에 힘썼다.

어느 날 강물에서 목욕을 마치고 핏팔라 나무 아래 고요히 앉아서 선정에 들었던 싯다르타에게 진리를 확신하는 최상의 순간이 찾아왔다. 바로 깨달음의 순간이었다. 그 때 그의 나이 서른다섯 살이었다. 그리고 궁극적인 깨달음을 성취한 싯다르타는 확신하였다. 향락과 고행이라는 양극단을 떠난 중도의 수행만이 최상의 길이라는 것을. 깨달음을 얻은 싯다르타는 핏팔라 나무에서 아자팔라 나무로, 다시 무칠린다 나무에서 라자야타나 나무 아래로 이리저리 옮겨 다니며 깨달음의 희열을 흠씬 만끽하였다. 그 후로 싯다르타는 마치 병든 육신을 치료하는 의사처럼, 중생들이 고통스런 윤회의 바다에서 벗어나 해탈로 이르는 길을 가르치기 시작했다.

"고행과 쾌락은 모두 극단에 치우친 길이다. 그 어디에도 치우침이 없는 중도의 길만이 깨달음으로 이끈다."

사람들은 그를 '고타마 가문의 깨달은 이'라는 뜻으로 "가우타마 붓다"라고 부르기 시작했다. 또한 그가 깨달음을 얻을 때 앉았던 핏팔라 나무는 '깨달음 나무(覺樹)' 즉 '보리수菩提樹(bodhi-vṛkṣa)'라는 새 이름을 얻었다.

길 위에서 길을 가르친 붓다

깨달음을 얻은 후부터 죽음에 이르기까지 슈라마나로서 유행遊行 생활을 멈추지 않았던 붓다는 길 위에서 진리를 가르쳤던 것으로도 유명하다. 붓다의 진리는 간명했다. 그는 모든 존재들이 겪는 고통의 실상을 투철하게 보고 아는 것이, 깨달음이자 해탈이라고 말하였다. 붓다의 음성을 생생하게 전해주는 『법구경』에서는 이렇게 말한다.

"욕망으로부터 걱정이 생기고, 욕망으로부터 두려움이 생긴다. 욕망이 없으면 걱정이 없나니, 또 어디에 두려움이 있을 것인가?"

이처럼 모든 존재의 고통은 애욕에서 비롯되는 것이라고 보았다. 붓다가 슈라마나가 되어 성취하고자 했던 것은 해탈의 경지였다. 그가 터득한 것은 해탈이란 모든 애욕의 불이 꺼진 상태에서 가능하다는 것이었다. 붓다는 해탈의 경지에서만 진정한 마음의 평화를 누릴 수 있으며, 그 누구든지 신분 등에 따른 어떠한 차별도 없이, 스스로 수행을 통해 깨닫고 해탈한다면 곧바로 붓다가 된다고 설파했다. 이러한 붓다의 설법 내용은 일반 민중뿐 아니라 지배층에게도 설득력이 높은 진리로 받아들여졌고, 붓다의 가르침에 귀의하는 사람은 점차 늘어만 갔다. 붓다의 설법을 듣는 이마다 깨달음을 얻어서 수많은 사람들이 해탈의 경지에 올랐다.

어느 날, 마우드갈리야야나가 붓다에게 물었다.

"해탈의 길을 가르쳐 주는 붓다의 가르침을 듣고도 어떤 사람은 해탈을 얻고, 어떤 사람은 얻지 못합니까?"

붓다는 "나는 길을 가르쳐 주는 사람일 뿐이다"라고 대답했다. 아무리 뛰어난 스승일지라도 진리 그 자체, 해탈 그 자체를 누군가에게 줄 수는 없는 법이라는 것이다. 참된 진리를 깨닫고 해탈을 완성하는 것은 각자 스스로의 몫이다.

"여기, 진리가 있다. 이것이 진리이다."

이렇게 붓다는 모든 사람들에게 가르쳐 주었다. 그것을 알아차리고 터득하는 것은 각자의 선택이며 자신들의 노력에 달린 일이다. 우리는 붓다의 진리 또한 고대 인도로부터 전승되어 온 수많은 해탈의 길들 중 한 가지일 뿐이라는 사실을 놓쳐서는 안 된다.

25년 동안 붓다의 곁에서 정성을 다해 시봉했던 아난다가 말했다.

"붓다는 누구도 발견하지 못했던 길을 드러내 보여 준 분이며, 알려지지 않은 길을 알려 준 분이며, 길을 아는 분이다."

그럼에도 불구하고 붓다는 자신이 깨달은 진리가 자신의 고안물이라거나 독창적 소산이라고 강조하지는 않았다. 이미 오래된 옛 길을 다시 드러내 보여 준 것일 뿐이라고 말했던 것이다.

쉬지 말고 정진하라는 유훈

어느덧 80세에 이른 붓다는 그 생애 마지막 여행길에 오른다. 바이샬리를 지나 북쪽을 향해 길을 떠난 붓다는 마치 코끼리처럼 천천히 뒤돌아보면서 이렇게 말했다고 전한다.

"내가 바이샬리를 보는 것도 이번이 마지막이구나."

마지막 여행길이 되리란 것을 예견했던 붓다는 쿠쉬나가라의 샬라 나무 숲에 이르러서 아난다에게 말하였다.

"피곤하다. 눕고 싶구나."

붓다는 샬라 나무 그늘에 자리를 깔고 누워 깊은 선정에 들었다. 그것이 붓다의 최후였다. 붓다의 최후에 대한 경전의 기록들 중에는 인상 깊은 묘사가 많이 보인다. 특히 슬픔에 싸여 울음을 그치지 못하는 아난다에게 붓다는 이렇게 말했다고 전한다.

"울지 마라. 아난다야, 너에게 항상 말하지 않았더냐. 아무리 사랑하고 마음에 맞는 사람일지라도, 이별은 피할 수 없는 것이라고. 태어나고 생겨나는 모든 것은 변할 수밖에 없고, 사멸한다는 것을 알아야 한다. 그러니 내 죽음을 슬퍼 말고, 부디 정진하여라."

붓다는 슬퍼하는 아난다에게 마지막 가르침을 남겼다.

"아난다여, 너 자신을 의지처로 삼고, 진리를 너의 의지처로 삼아야 한다."

입멸하는 순간까지 붓다는 거듭 당부하여 말하였다.

"모든 것은 덧없다. 쉬지 말고 정진하라."

이것이 붓다의 유훈이었다. 가우타마 붓다. 그는 진리의 길을 찾아 헤매었고, 그 길을 깨달았으며, 그 길을 가르치다가, 길 위에서 위대한 생애를 마쳤다. 80년의 생애 동안 강조했던 붓다의 가르침, 그 요체는 매우 간결하다.

"이 세상 모든 것은 무상無常하므로 공空한 것이다."

붓다가 깨달은 이 진리는 고대 인도인들뿐만 아니라, 현대인의 가슴에도 생생하게 전해져 그 생명력을 이어오고 있는 최상의 지혜라는 것을 그 누구도 부인하지 못할 것이다.

붓다의 진리

    고타마 씨족의 싯다르타는 출가하여 슈라마나가 되어 6년 동안 수행한 뒤에 최상의 깨달음을 얻었다. 그 때부터 싯다르타는 붓다, 즉 '깨달은 이'라고 불렸다. 붓다가 깨달은 내용은 곧 불교의 핵심이며, 붓다의 깨달음이 바로 불교의 진리이다.

    우리는 불교를 지탱해 주는 대들보로서 세 가지를 꼽는데, 이를 세 가지 보배라 한다. 그 중 첫째 보배는 붓다이며, 둘째 보배는 붓다가 깨달은 진리이고, 셋째 보배는 붓다를 따르는 제자들인 스님들이다.

    불교가 세계적인 종교로 발전할 수 있었던 요인들은 그 세월의 길이만큼 매우 다양하지만, 누구도 부인할 수 없는 점은 불교적 진리의 보편성일 것이다.

보편적인 세 가지 진리

붓다가 깨달은 진리는 세 가지로 요약된다.

첫째, 모든 것이 고통스럽다.
둘째, 모든 것이 덧없다.
셋째, 모든 것이 실체 없다.

이러한 세 가지 진리는 시대와 장소를 막론하고 예외가 없으며, 그 누구도 부인할 수 없는 보편성을 띠고 있다. 불교는 이 세 가지 보편적 진리에 대한 깨달음에서 시작된다. 세상의 모든 것이 고통스럽다고 보았던 붓다의 관점은 종종 염세주의적이라는 비판을 받아왔다. 하지만 그러한 비판에 대해서 불교의 논사論師들은 절대적인 부정 위에서만 절대적인 긍정이 생겨날 수 있다는 사실을 일깨워 주곤 했다. 모든 것이 고통이라는 진실을 똑바로 직시할 때, 우리는 비로소 각자의 처지를 긍정적으로 수용할 수 있는 여지가 생긴다. 행복이든 불행이든 결국은 모든 것이 고통일 뿐이라는 진실을 깨달은 후에는 어떠한 상황에서도 평정한 마음을 견지할 수 있게 된다. 이것이 하나의 깨달음이다. 또한 모든 것이 고통인 까닭은 모든 것이 덧없기 때문이다. 이 세상에서 생겨난 것은 차츰 변해 가고 마침내 스러져 간다. 한 찰나의 순간조차 전혀 변화 없이 고정된 채로 있을 수 있는 존재는 없다. 진실로 이 세상에 영원한 것은 없다. 바로 이것이 붓다의 또 다른 깨달음이었다.

붓다 당대에 슈라마나 교단으로서 유력한 교세를 유지하고 있었던 자이나교라든지, 브라마나 교단에서는 영원한 어떤 것을 인정하는 견해를 취하고 있었다. 그러나 붓다의 진리는 그 무엇도 영원하지 않다는 것을 강조한다는 데서 매우 독창적인 차별성을 갖는다. 더 나아가서 왜 덧없을 뿐인가? 모든 것은 불멸하는 실체가 없기 때문이다. 그 누구 그 무엇도 영원한 고정 불변의 실체를 가지고 있지 않다는 것, 이것이 또 하나의 진리이다. 이러한 세 가지 진리를 철두철미하게 깨닫는 것은 곧 불교의 고갱이를 아는 것이며, 동시에 '깨달음을 얻은 이, 붓다'와 다를 바 없는 경지를 얻게 되는 것이다.

고귀한 네 가지 원리

위없는 깨달음을 성취한 붓다가 다른 사람들에게 가르침을 펴기 시작하였을 때, 그 사상을 다음 같이 요약해서 말하였다.

"네 가지 원리를 알아야 한다. 고통과 그 고통의 원인, 고통의 소멸과 그 고통을 없애는 길이 바로 그것이다."

이러한 네 가지 원리는 사성제四聖諦라고 한다.

제1 성제는 고통이라는 원리이다.
제2 성제는 고통이 생겨나는 원리이다.
제3 성제는 고통이 없어지는 원리이다.

제4 성제는 고통이 없어지는 길에 대한 원리이다.

붓다는 거듭 말하기를, 이러한 네 가지 원리는 우리의 삶을 해탈과 니르바나의 경지로 이끌어 주는 평온한 의지처이자 최상의 의지처라고 하였다. 그리고 이러한 네 가지 원리에 따라서 수행해 나간다면 누구든지 모든 고통에서 벗어나게 될 것이며 한량없는 복덕을 얻게 될 것이라고 강조했다. 이처럼 현실적인 고통을 직시하고 그에 대한 해결책을 강조했던 까닭은 붓다가 출가했던 동기와도 밀접한 관련성을 갖는다. 싯다르타의 출가 목적은 모든 존재들이 고통에서 벗어나는 지혜를 얻고자 하는 데 있었기 때문이다. 싯다르타는 자신이 그 지혜를 얻었다고, 그 길을 보았노라고 선언했다.

여덟 가지 올바른 길

붓다는 스스로 깨닫고 그 자신이 확신하는 길, 즉 모든 존재가 고통에서 벗어날 수 있는 길이 있는데, 그것은 다음과 같은 여덟 갈래의 길(八正道)이라고 하였다.

첫째 길은 올바른 견해이다. 이것은 사성제를 이해하는 것이다.
둘째 길은 올바른 사유이다. 이것은 욕망이나 악한 생각에서 벗어나 바른 생각을 하는 것이다.

셋째 길은 올바른 언어이다. 이것은 거짓말이나 모욕하거나 속이는 말 등 나쁜 말을 하지 않는 것이다.

넷째 길은 올바른 행위이다. 이것은 생명을 죽이거나 남의 것을 훔치거나 부적절한 음행에 빠지는 것 등 일체 악한 행위를 하지 않는 것이다.

다섯째 길은 올바른 생활이다. 이것은 부적절한 직업으로 생계를 꾸려서는 안 된다는 것이다.

여섯째 길은 올바른 노력이다. 이것은 아직 생겨나지 않은 악한 일조차 하지 않도록 미리 애쓰는 것이며 선한 일을 하도록 힘쓰는 것이다.

일곱째 길은 올바른 유념이다. 이것은 자신의 몸과 감정, 생각과 마음 등을 잘 관찰하여 그릇된 견해에 빠져들지 않도록 주의를 다하는 것이다.

여덟째 길은 올바른 명상이다. 이것은 마음을 한 곳에 집중하여 번뇌와 욕망으로부터 벗어나는 것이다.

경전에서는 이러한 여덟 갈래의 길을 수레바퀴에 비유하고 있다. 예컨대, 올바른 견해와 올바른 사유, 올바른 노력과 올바른 유념 등의 넷은 바퀴살을 이루고, 올바른 언어와 올바른 행위, 올바른 생활 등은 가운데 바퀴통이 되고, 올바른 명상은 바퀴 테가 되어서 하나의 수레바퀴가 온전히 굴러 갈 수 있도록 서로 돕는다. 그리하여 여덟 갈래의 올바른 길은 마치 거침 없이 굴러 가는 수레바퀴처럼 우리들을 저 피안의 니르바나로 이끌어 준다는 것이다. 이러한 비유를 토대로 한 가르침은 팔

정도八正道의 수레바퀴로 널리 알려져 있으며, 불교를 상징하는 대표적인 도상인 법륜法輪의 토대가 되었다.

존재의 열두 가지 원리

고대로부터 현재에 이르기까지 인도에서 명멸했던 수많은 철학과 종교들이 해탈을 추구하며 니르바나를 이상향으로 제시했다는 점에서는 크게 다를 바 없다. 하지만 해탈과 니르바나에 도달하는 길이 어떻게 다르냐에 따라 각각의 학파와 종파가 나뉘었다.

불교에서도 역시 해탈과 니르바나를 추구하지만 그것에 이르는 길은 다른 학파나 종파와 달랐을 뿐만 아니라, 존재와 세계에 대한 관점도 매우 독특했다. 붓다는 존재와 세계에 대해 12인연설로 설명했다. 12인연설이란, 열두 가지의 요소들이 서로 인과 관계를 이루어, 윤회 전생하는 존재의 삶을 지배한다는 이론이다. 열두 가지는 무명無明, 행行, 식識, 명색名色, 육입六入, 촉觸, 수受, 애愛, 취取, 유有, 생生, 노사老死 등이다. 그 세부적인 내용은 다음과 같다.

첫째, 무명은 4제諦 등의 진리를 모르는 어리석음의 근본인 무지를 말한다.

둘째, 행은 무명으로부터 다음의 의식 작용을 일으키는 상相이며, 우리가 짓는 모든 업을 뜻한다.

셋째, 식은 인식 주관으로서의 6식識이다. 6식은 여섯 가지 인식 작용을 뜻하며, 안眼, 이耳, 비鼻, 설舌, 신身, 의意이라는 6근根에 의존하여 각각 색色, 성聲, 향香, 미味, 촉觸, 법法이라는 6경境을 지각하는 안식眼識, 이식耳識, 비식鼻識, 설식舌識, 신식身識, 의식意識을 말한다.

넷째, 명색은 명과 색을 합친 말이다. 이름만 있고 형상이 없는 마음, 또는 정신을 명名이라 하고, 형체가 있는 물질 또는 신체를 색色이라 한다.

다섯째, 육입이란 안, 이, 비, 설, 신, 의 등의 6근을 말한다.

여섯째, 촉은 감각과 지각 등의 성립 조건인 6근, 6경, 6식 등이 만나서 생겨나는 것이다.

일곱째, 수는 6근, 6경, 6식 등이 만나서 촉을 이루고, 그 후에 생기는 고통, 쾌락 등의 느낌을 말한다.

여덟째, 애는 욕망의 만족을 바라는 욕구와 열망, 갈애 등을 말한다.

아홉째, 취는 자기가 소유하고 싶어하는 집착을 말한다.

열째, 유는 윤회하는 중생의 생존계로서 3계界 25유有를 말한다.

열한째, 생은 중생이 어떤 부류의 세계에 태어나는 것을 말한다.

열두째, 노사는 태어난 뒤에 차츰 늙어서 죽는 것으로서 중생의 모든 고통을 대표한다.

이 12인연설은 연기설緣起說이라고도 한다. 연기란 서로 말

미암아 일어난다, 즉 존재란 어떤 조건에 의해 발생한다는 뜻이다. 모든 존재와 현상은 원인과 조건이 서로 관계하여 성립된다. 따라서 인연에 의해서 그와 같은 모습으로 성립되어 있을 뿐이며, 독립하여 스스로 존재하는 것은 아무것도 없다.

요컨대 연기설은 사물의 존재와 성립에 대한 법칙을 밝힌 것이며, 동시에 불교적 세계관을 정립하는 데 근간이 되는 이론이다. 12인연설은 초기 경전에서 쉽게 볼 수 있듯이, 다소 도식적인 열거와 반복을 통해서 상투적으로 설명되곤 한다. 그러나 연기설의 이치는 붓다 당대로부터 현대 과학에 이르기까지 헤아릴 수 없는 파장과 깊이로 큰 영향을 끼치고 있는 대표적인 불교 진리이기도 하다.

무지한 세상을 향한 북소리

붓다는 깨달음을 얻은 직후에, 자신이 깨달은 진리는 매우 심오하고 이해하기도 어렵기 때문에 세상 사람들에게 가르칠 필요가 없다고 생각했다. 왜냐하면 욕망과 쾌락에 젖어 있는 어리석은 사람들에게 그 진리를 가르친다는 것은 피로하고 성가신 일이기 때문이었다. 그런데 하늘에 사는 범천이 붓다의 그 마음을 알아채고 권유하기 시작했다. 이 세상에는 그 진리를 설한다면, 지혜를 얻게 될 중생들이 있노라고, 아직 때가 덜 묻은 중생들이 있노라고, 간절히 권유했다. 그러자 붓다의 마음이 흔들렸다. 마치 연못 속의 청련, 홍련, 백련 등이 물속에서 자라나 때로는 꽃을 피우지도 못하고 물속에 잠겨 있거나, 때로는 물 위로 솟아나 더러움을 떨치고 꽃을 피우기도 하듯이, 이 세상에는 어리석은 사람도 있고 선한 사람도 있으며, 가르치기 어려운 사람이 있는 반면에 가르치기 쉬운 사람도 있다는 사실을 떠올렸다. 드디어 붓다는 진리를 널리 펴기로 결심한다. 이것이 '범천梵天 권청勸請'으로 알려져 있는 설화의 요지이다. 범천이 굳이 청하여 붓다가 진리를 펴게 되었다는 유명한 이야기이다. 그런데 그 이야기의 사실성보다도 흥미로운 점은, 붓다가 스스로 어렵사리 깨달은 진리를 욕망의 때에 젖어 있는 중생들에게 가르쳐 주어도 쉽게 이해할 수 없으리라고 생각했다는 것이다. 붓다의 진리가 세속적인 욕망의 세계와는 대극점對極點에 놓여 있다는 사실을 단적으로 보여주는 이야기가 바로 범천 권청 설화이기도 하다. 결국 설법을 하기로 결심한 붓다. 그는 세상 사람들에게 진리를 베풀기 위해 길을 가다가 맨 먼저 아지비카 교도인 우파카와 마주쳤다. 그 때 붓다는 우파카에게 이렇게 말했다.

"나는 스승이 없으며, 나와 동등한 이도 찾을 수 없고, 신들의 세상에도 나와 같은 이는 없다. 내가 가장 존귀하고 내가 가장 뛰어난 스승이며, 홀로 완전히 깨달았고, 평정한 니르바나를 얻었다. 나는 지금 법륜을 굴리고자 카시 마을로 간다. 무지한 세상에 불사의 북을 치면서."

스스로 깨달은 진리를 세상에 펼치기 시작한 붓다, 그의 음성은 무지를 깨뜨리는 불사의 북소리였다.

붓다의 제자들

　하나의 종교가 생겨나서 성장과 발전을 더하는 데에는 반드시 필요한 요소가 있다. 바로 교조의 가르침을 따르는 제자들이다. 세속의 학문이나 학파를 계승하는 데에도 제자가 필수적이라는 사실을 우리는 모르지 않거니와, 거대한 종교적 조직을 이끌어 나아가자면 제자들의 역할이 얼마나 클 것인지는 상상을 불허할 정도이다. 더구나 그 종교의 규모와 역사가 가히 세계적인 불교임에랴.

　그런데 불교는 같은 시대에 성장했던 다른 인도 종교와는 달리 교단의 세 보배에 스님들, 즉 붓다의 제자들을 포함시켰던 점으로도 차별이 된다. 붓다와 동시대에 또 다른 슈라마나 교단이었던 자이나교에서는 3보배로서 '바른 견해, 바른 지식,

바른 행위'만을 거론한다. 이 점은 '붓다와 진리와 제자들'을 3보배로 꼽는 불교와는 확실히 다르다.

일찍이 그만큼 제자들이 중요하다는 사실을 인식했던 불교의 교세가 자이나교와 비견할 수 없을 만큼 앞지르게 되었던 역사적 사실은 어쩌면 당연한 귀결인지도 모른다.

귀의하는 사람들

붓다가 깨달음을 이룬 뒤에 불교 교단이 성립되는 과정은 붓다에게 귀의歸依하는 사람들이 어떻게 늘어나게 되었는가 하는 점과 일치한다.

출가하여 슈라마나로서 수행의 길을 걸었던 붓다. 그는 스스로 깨우친 진리를 사람들에게 설파하기로 결심한 뒤에 곧장 바라나시를 향해서 길을 떠났다.

예전에 함께 고행했던 다섯 명의 슈라마나들이 바라나시의 녹야원에 있었기 때문이었으나, 그 당시 바라나시는 수행자들의 구심점이 되었던 중요한 장소이기도 했다. 바라나시는 21세기인 지금도 인도에서 제일가는 종교적 순례지로서 그 명성을 떨치고 있다.

사실, 붓다가 바라나시로 떠나기 전에 맨 먼저 떠올렸던 전법 대상은 자신에게 수행법을 가르쳐 주었던 스승들이었다. 하지만 그들이 이미 세상을 떠나고 말았다는 것을 알게 되었다. 그래서 고행하던 시절의 다섯 수행자들을 택했던 것이다.

카운딘야(kauṇḍinya), 바슈파(bāṣpa), 바드리카(bhadrika), 마하나만(mahānāman), 아슈와지트(aśvajit) 등이 그 다섯이었다. 이들이 바로 붓다의 첫 제자들이다. 그들은 붓다가 처음으로 펼쳤던 설법, 소위 '초전법륜初轉法輪'을 들었던 5비구로서 길이 이름을 남겼다.

다섯 비구들 중에서도 위에서 열거한 순서에 따라 차례로 진리의 눈, 즉 법안法眼을 얻었다. 카운딘야가 맨 먼저 붓다의 가르침에 눈을 떠 붓다의 첫 제자이자 붓다 다음으로 첫 아르하트(arhat, 아라한阿羅漢: 진리를 깨달은 자)가 되었다.

깨달음은 얻은 카운딘야는 곧장 계戒를 받고자 붓다에게 청하였고, 붓다는 그에게 구족계具足戒를 주었다. 그로써 카운딘야는 구족계를 받는 첫 비구가 되었고, 다른 네 비구도 그를 이어 깨달음을 얻고 구족계를 받았다. 특히 아슈와지트는 나중에 붓다의 10대 제자 중 한 사람으로 꼽히는 '지혜 제일, 샤리푸트라'를 교단에 입문시키는 데 큰 역할을 하였다.

이처럼 다섯 비구의 출가 수계를 통해서 '붓다와 그의 진리, 그를 따르는 제자' 등 소위 세 가지 보배가 갖추어지게 되었고, 다섯 비구들은 '붓다와 진리'라는 두 보배에 귀의한 최초의 사람들로 기록되었다. 그렇지만 붓다에게 귀의한 것으로만 따지자면 그들이 맨 처음은 아니었다.

붓다가 깨달음을 얻은 지 셋째 주에 최초의 귀의자가 있었으니, 바로 무칠린다(mucilinda) 용왕이었다. 흔히 킹코브라의 모습으로 묘사되는 용왕은 붓다에게 귀의한 최초의 축생으로 알려져 있다. 율장에서는 무칠린다 용왕이 붓다에게 귀의한 즉시 어린아이의 몸으로 탈바꿈하게 되었다고 전한다.

그리고 붓다가 깨달음을 얻은 후 라자야타나 나무 아래 머물러 있을 때 웃카라(Utkara, 현대 인도의 오릿사 지역) 출신의 상인 트라푸샤(Trapuṣa)와 발리카(Bhallika)가 그 앞을 지나가게 되었다. 그들은 붓다를 보고서 그에게 먹을 것을 바쳤고, 그 장면을 하늘에서 지켜 본 4천왕이 그것을 담을 만한 그릇을 각각 한 개씩 바쳤다.

율장에서는 트라푸샤와 발리카가 붓다와 진리, 두 보배에 귀의한 최초의 재가 신자라고 기록하고 있다. 그래서 이들을 최초의 2귀의자로 꼽는다. 또한 바라나시의 부유한 상인 가문의 아들이었던 야사(Yasa)는 다섯 비구에 이어서 붓다에게 귀의하여 최초의 3귀의 출가자가 되었다. 그리고 야사의 출가를 계기로 하여 그의 아버지는 최초로 3귀의한 재가 남자 신자가 되었고, 야사의 어머니와 그의 아내는 최초로 3귀의한 재가 여자 신자가 되었다.

그렇게 늘어가던 붓다의 귀의자들 중에서 양모였던 마하프라자파티(Mahāprajāpatī)는 최초로 불교 교단에 출가한 여성 수행자, 즉 비구니가 되었다. 물론 슈라마나 전통의 또 다른 종교인 자이나교에서는 이미 오래전부터 여성의 출가를 허용하고 있었다. 따라서 그녀가 최초의 여성 슈라마나라고 할 수는 없다. 다만, 마하프라자파티의 출가를 계기로 하여 불교 교단의 구성원은 4부류, 즉 4부 대중을 완비하게 되었다는 데 큰

의의가 있다.

이와 같이 불교 교단은 붓다가 살아 있는 동안에 붓다에게 귀의하는 사람들로 그 교세를 점차 확장해 나갔다.

귀의란 별다른 것이 아니다. 믿고 의지하는 것이다. 붓다를 만나 본 사람들은 누구나 그의 뛰어난 위의威儀와 그 가르침에 감복했다.

경전을 읽다 보면, 붓다의 설법을 들은 바로 그 자리에서 붓다를 믿고 의지하겠다고 고백하는 장면을 수없이 접하게 된다. 더구나 그들은 추호도 주저하거나 망설이지 않는다. 물론 붓다 또한 그러한 고백만으로 그들을 곧장 자신의 제자로 받아들였다. 그렇게 불교가 성장해 갔다.

붓다 상가의 성립과 포교

승가僧伽라고 음역되는 상가(saṃgha)는 남녀 슈라마나들이 한데 모여 수행하는 것을 가리킨다. 간단히 말하자면, 남녀 출가자들의 집단을 뜻한다.

붓다에게 귀의한 출가자들은 남녀를 불문하고 한데 모여서 수행하였고 사람들은 그들을 '붓다 상가'라고 불렀다. 붓다 상가란 또 다른 슈라마나 교단, 즉 자이나교의 지나(jina) 상가와 구분하여 부른 데서 비롯되었다.

불교 교단은 붓다 당대에 이미 빠른 속도로 전파되었다. 그런데 그러한 빠른 성장의 이면에 견인차 역할을 했던 요소가 있다. 바로 포교布敎이다.

붓다는 야사를 따라서 그의 친구들 54명이 줄을 이어 출가한 뒤 그들 모두가 아르하트가 되었던 시점, 즉 붓다 스스로 이 세상에는 모두 61명의 아르하트가 있다고 선포한 직후에 제자들에게 전도를 명하였다. 61명의 아르하트란 붓다 자신을 포함하여 5비구와 야사, 54명의 야사 친구들을 모두 합한 수이다.

붓다는 60명의 제자들에게 말하였다.

"비구들아, 유행遊行하라. 중생의 애민을 위해, 중생의 안락을 위해, 세간을 사랑하기 위해, 신들과 인간의 이익과 애정과 안락을 위해, 두 사람이 한 길을 가지 마라. 처음도 좋고 중간도 좋고 끝도 좋은, 도리에 맞고 언설이 잘 정돈된 진리를 설하라."

둘이서 한 길도 가지 말고 진리를 두루 펼치라는 붓다의 당부에서 우리는 붓다 자신이 깨우친 진리에 대한 자부심 외에도 교단을 경영하는 묘妙까지 엿볼 수 있다. 포교와 전도에 대한 붓다의 안목은 기존의 인도 종교 전통에서는 볼 수 없는 탁월한 점이었고, 훗날 세계적인 보편 종교로서 자리 매김하는 결과를 낳았다.

그러한 성과는 위대한 붓다와 그 진리의 탁월성, 그 못지않게 뛰어난 소양을 지녔던 그의 제자들이 없었다면 불가능한 역사적인 위업이었다.

교단의 발달

붓다 당시의 교단은 출가자를 중심으로 하여 유행遊行 생활을 하는 것이 원칙이었다. 출가자들은 무소득無所得과 무일물無一物을 기본으로 하는 무소유 생활을 실천하였고, 어떠한 재물이나 가축, 노예 등도 소유할 수 없었다. 그런데 교단의 발전을 바라는 재가자의 보시물은 해를 거듭할수록 늘어만 갔으며, 붓다에게 귀의하는 자산가들이 기부한 토지와 금전을 토대로 하여 여러 곳에 정사와 사원이 세워지기에 이르렀다. 그러한 발전 과정에서도 교단의 성장에 가장 큰 원동력이 되었던 것으로는 다음 세 가지를 꼽는다.

첫째, 카쉬야파 삼형제의 귀의이다. 우루빌바(Uluvilvā) 카쉬야파는 머리를 길게 길러 딴 외도들 500명을 이끌던 스승이었고, 나디(Nadi) 카쉬야파는 300명의 제자들을 이끌던 스승이었으며, 가야(Gayā) 카쉬야파는 200명의 제자들을 이끌던 스승이었는데, 이 세 형제가 나란히 붓다에게 굴복하여 귀의하였다. 그리고 그들이 함께 이끌고 온 제자들이 합해져서 불교 교단은 그야말로 대도약을 하게 되었다. 초기 불교 교단에서 상투적으로 등장하는 "붓다와 1250명의 대비구"라는 구절도 이들 삼형제의 귀의 결과로 성립된 숫자이기도 하다.

둘째, 빔비사라(Bimbisāra) 왕의 외호이다. 붓다의 생존 당시에 마가다국의 왕이었던 빔비사라는 15세에 즉위하여 16세에 불법에 귀의했다. 그의 왕자였던 아자타샤투르의 왕위 찬탈로 인해 유폐된 뒤 죽음을 맞았던 빔비사라 왕이었지만 그가 왕위에 있던 당시에는 종파를 가리지 않고 여러 교단을 든든하게 후원했던 것으로도 유명하다. 특히 그가 우호적으로 불교교단에 베풀었던 일은 불교의 발전에 크나큰 힘으로 작용했다. 그리고 붓다가 마가다국의 라자그리하에 머물 때, 빔비사라 왕이 12만 명에 이르는 브라마나와 장자들과 함께 붓다를 찾아가서 설법을 듣고 나서 귀의했던 일은 매우 유명한 일화로 남아 전한다. 그 때 설법을 들었던 12만 명 중에서 11만 명이 진리를 깨우쳤고, 1만 명이 붓다에게 귀의했다고 경전에는 기록되어 있다.

셋째, 최초의 승원僧園, 죽림정사의 성립이다. 승원이란 수행자들이 머물러 있는 담장 두른 정원이라는 뜻에서 유래된 말이다. 라자그리하에 세워진 죽림정사는 그 당시 최강국이었던 마가다국의 수도에 자리함으로써 포교의 본거지로서 큰 역할을 다하였다.

빔비사라 왕이 죽림정사를 세울 때, 그 입지를 다음과 같은 기준으로 선정했다고 전한다.

"마을에서 너무 멀지도 않고 가깝지도 않고 오고 가기에 편하며, 이런 저런 목적을 지닌 사람들이 찾아뵙기 좋고, 낮에는 지나치게 붐비지 않고 밤에는 소음이 없고 인적이 드물고, 혼자 지내기에 좋고 좌선하기에 적절한 곳, 바로 그런 곳."

그 후부터 이와 같은 입지가 바로 승원을 세우는 기준이 되었다.

승원은 구조적으로 정사精舍, 평부옥平覆屋, 전루殿樓, 누방樓房, 굴원窟院 등 다양한 양식을 따랐지만, 그 중에서 정사와 굴원이 오랜 세월 동안 가장 많이 사용되었다.

정사는 평지에 벽돌이나 돌로 건립되었고, 굴원은 고원의 암석 지대에 인공적인 굴을 뚫어서 만들었다. 현재 남아 있는 굴원과 정사의 흔적을 통해서 짐작할 수 있는 것은 초기 교단의 원칙은 유행 생활이었지만, 교단의 발전과 더불어서 한 곳에 머물러 지내는 정주 생활이 훨씬 더 많은 비중을 차지하게 되었다는 것이다.

그리고 후대에 정립된 교단의 구성원은 비구와 비구니, 사미와 사미니, 식차마나와 우바새, 우바이 등으로 세분되었다. 초기 불교 이래로 불교의 교단은 다양한 구성원들 간에도 상호 민주적이며 평등하게 유지되어 왔으며, 이러한 교단 운영의 원칙은 붓다 당시부터 현재까지 변함없이 지켜지고 있다.

일찍이 붓다는 이렇게 선언했다.

"아난다여, 여래에게는 '나는 비구 승가를 보살핀다'라든지 '비구 승가는 나의 지휘 아래 있다'라는 생각이 없다."

붓다 당시에도 중앙 집권적인 형태로서 교단이 운영되지 않았듯이, 후대의 불교 교단사에서도 교단 구성원의 자율과 화합을 통해서 유지되었던 것은 당연한 추이였을 것이다.

경전의 결집

붓다의 가르침은 그로부터 직접 설법을 들었던 제자들에 의해서 구두로 전해졌다.

"나는 이렇게 들었다."(evaṃ mayā śrutam, 如是我聞)

이와 같은 서두로 붓다의 제자들은 불교의 진리를 전파하기 시작했다. 본래 붓다는 모든 가르침을 구술로만 전달했다. 그의 전 생애 동안 자신이 글로 써서 남긴 것은 아무것도 없다. 하지만 그의 설법을 들었던 수많은 제자와 신자들은 그의 가르침을 오래도록 보존할 수 있기를 원했으며, 그러한 소망의 결과가 바로 경전으로 모아져 전해지고 있다. 그 과정을 경전의 결집結集이라 한다.

결집은 산스크리트 어 상기티(saṃgīti)를 번역한 말이며, 합

송誦, 합주合奏, 집회集會라고도 한다. 어원상으로는, 제자들이 한데 모여서 각자 기억하고 있는 가르침을 일제히 입을 모아 읊어 냄으로써 전혀 이의가 없다는 것을 표시하여 불설佛說이라는 것을 확정하였던 데서 비롯된다. 이러한 뜻에서 '성전聖典의 편집'을 의미하는 동시에 '경전의 편찬을 위한 집회'가 곧 결집을 뜻하기도 한다. 그러한 결집을 통해서 편찬된 경전은 큰 바구니에 담아서 보관하던 관습에 따라 세 종류의 바구니, 삼장三藏(tri-piṭaka)이라 부른다. 즉 경장, 율장, 논장을 합해서 삼장이라 하는데, 이러한 형식으로 불교 경전이 완성되기까지는 기나긴 세월이 걸렸다.

기본적인 경전은 서력 250년경까지 그 대부분이 완성되었다. 하지만 무엇보다도 불교 경전은 크리스트교의 바이블이나 이슬람교의 코란과는 비교할 수 없을 정도로 그 양이 방대한 것으로도 유명하다.

제1차 결집

가장 최초의 결집은 붓다의 열반 직후에 이루어졌다. 붓다가 입멸한 뒤, 교단 내에서는 몇 가지 우려들이 제기되었다. 즉 붓다의 가르침이 세월의 흐름에 따라 차츰 소멸되어 간다든지 잘못 전해진다든지, 혹은 해석상의 이론異論이 제기되는 경우가 발생하게 되는 등의 일이다. 그래서 이러한 일을 미연에 방지하기 위해서 제자들이 한데 모여서 각기 기억하고 있던 교법을 함께 합창하여 서로 확인을 거친 뒤 붓다의 가르침을 정리하는 모임, 즉 결집을 단행했다. 결집을 통해서 붓다가 없는 채로 구심점을 잃어가던 불교 교단은 붓다가 남겼던 유훈과도 같이 오로지 '진리'에만 의지하는 상가로 거듭나게 되었다.

제1차 결집은 라자그리하(Rājagṛha)에서 500명의 제자들이 모여서 경장과 율장을 편찬하였다. 그래서 500결집, 또는 500집법集法이라고도 부른다.

붓다가 세상을 떠날 당시에 이미 교단의 세력은 매우 융성했기 때문에 출가자의 수도 매우 많았다고 한다. 하지만 그 중에서 뛰어난 제자들 500명만이 비바라(Vivara) 산의 칠엽굴七葉窟에 모여서 결집을 단행했다.

결집 모임을 이끌었던 상좌는 마하카쉬야파였고, 아난다가 먼저 암송하면 모두 따라 합송하는 형식으로 완성하였다. 특히 아난다는 교리 부분을 암송한 반면에, 계율 부분은 우팔리(Upāli)가 선창을 담당했다고 전한다.

이렇게 편찬된 제1차 결집의 내용은 후대 불교사의 지침이 되는 근본 경전으로서 가장 중요한 위치를 차지하고 있다.

경전을 보면, 붓다는 그 당시 귀족층이 사용하던 고급 언어였던 산스크리트 어뿐 아니라 베다 어까지 능숙하게 구사할 수 있었다는 것을 알 수 있다. 하지만 실제로 사람들에게 설법을 할 때에는 주로 속어였던 마가다 어를 사용했으리라고 추정하고 있다. 따라서 최초의 경전 결집, 즉 제1차 결집 당시에 사용된 언어 또한 마가다 어라는 것이 합리적인 귀결일 것이다. 하지만 그에 따른 근거는 현재 발견되지 않고 있으며, 초기 경전 언어로서 기록이 남아 있는 팔리(pāli) 어 속에 몇몇 잔영殘影이 남아 있을 뿐이다.

팔리 어는 언어학상으로는 피샤차(piśāca) 어로 분류된다. 마가다 어가 인도의 동쪽 지방에서 사용되었던 것에 반하여, 주로 중서부 지역에서 사용되었던 속어가 피샤차 어이다.

제2차 결집

기원전 383년경에는 제2차 결집이 이루어졌다. 이 결집은 바이샬리(Vaiśālī) 결집 또는 700결집, 700집법集法이라고도 불린다.

붓다의 입멸 후 100년경, 아난다의 제자였던 야샤耶舍(Yaśa) 비구는 바이샬리의 브리지(vṛji)족 출신의 비구들이 계율에 위반되는 열 가지를 실행하고 있다는 것을 알았다. 그는 700명의 비구들을 바이샬리에 소집하여 그러한 열 가지에 대해 심의했다.

그 때 회의에서는 열 가지의 사안, 즉 '10사事'가 옳지 않은 일이라고 부정되고, 그것의 실행자를 이단이라고 간주하였다. 하지만 팔리 율장에서는 10사를 심의했다는 기록만 남아 있을 뿐이다. 스리랑카의 왕통사王統史인 『도사Dīpavaṃsa』와 『대사Mahāvaṃsa』는 이 심의 다음에 성전의 결집을 행했다고 기록하고 있으므로, 이 때의 일을 제2차 결집이라고 부른다. 그 당시에 논의되었던 열 가지는 다음과 같다.

첫째, 염사정鹽事淨: 그 전날 받은 소금을 비축해 두었다가 식사 때 쓰는 것은 정법淨法이다.

둘째, 이지정二指淨: 중식中食을 먹은 뒤에라도 해 그늘이 두 뼘 길이가 될 때까지는 먹을 수 있다.

셋째, 수희정隨喜淨: 밥을 먹은 뒤에라도 다시 또 먹을 수 있다.

넷째, 도행정道行淨: 도량을 떠나서는 먹은 뒤에 다시 식사할 수 있다.

다섯째, 낙장정酪漿淨: 소유酥油, 밀蜜, 석밀石蜜 등을 낙酪에 타서, 밥을 먹지 않을 때 먹을 수 있다.

여섯째, 치병정治病淨: 병을 치료할 목적으로 술이 되기 직전 상태의 음료는 마실 수 있다.

일곱째, 좌구정坐具淨: 몸이 크고 작음에 따라 좌구, 즉 방석의 크기를 조정할 수 있다.

여덟째, 구사정舊事淨: 그 이전 사람이 하던 일을 따라 하면 율에 위반되어도 죄가 되지 않는다.

아홉째, 고성정高聲淨: 따로 갈마법羯磨法을 짓고 나중에 와서 억지로 다른 이의 용서를 구한다.

열째, 금보정金寶淨: 금, 은, 돈 등을 보시 받을 수 있다.

이상의 열 가지가 모두 정법이므로 범해도 죄가 되지 않는다고 주장하던 이들에 대해서, 결집을 통해서 모두 비법非法이라고 결의하였던 것이다. 다만, 아난다의 직제자로서, 그 당시 법랍 120년에 이르던 최고의 장로 사르바카마는 아홉 가지는 비법非法이지만, 구사정舊事淨은 경우에 따라 인정할 수도 있다고 판정하였다고 전한다. 이로써 그에 대한 논의가 얼마나 분분하였는지 짐작할 수 있다. 그리고 이를 계기로 하여 율에 대한 해석의 차이는 더욱 더 첨예한 대립을 낳았고, 분파를 야기하는 큰 요인으로 작용하게 되었다. 또한 제1차 결집은 단순히 경과 율의 결집이었으나, 제2차 결집은 율에 대한 해석이라는 점에서 그 성격상 차이가 난다.

제3차 결집

아쇼카(Aśoka) 왕은 인도 대륙 전역을 하나의 통치권 아래 지배했던 최초의 제왕으로 유명하다. 그는 강력한 무력 통치권을 기반으로 하여 인도 대륙을 하나의 정치적 통합체로 만드는 데 성공했다. 아쇼카란 '슬픔을 모르는 이'라는 뜻인데, 정복 전쟁 시절의 잔인하고 무자비했던 그의 성품 때문에 붙여진 이름이라는 설도 있다. 피비린내 나는 전쟁을 되풀이하던 아쇼카 왕은 기원전 260년경에 돌연 불교도로 전향했다고 알려져 있다. 불교에 귀의하기 전에 아쇼카 왕은 부왕이었던 빈두사라 왕이 그랬듯이, 아지비카 교도였다고 전한다. 그러나 불교에 귀의한 뒤, 불살생의 원리를 실천하고 공평 무사한 정책을 통해서 만인의 인심을 얻은 아쇼카 왕이 불교를 위해 공헌한 일들은 지대하다. 그는 수많은 불교 승원과 기념탑을 세웠고, 불교도를 위해서 후원을 아끼지 않았으며, 몸소 붓다의 유적을 찾아가서 참배하였다. 여러 왕비들이 낳은 그의 자녀들은 출가하여 수행자가 되었는데, 아쇼카 왕은 그들을 스리랑카를 비롯한 외국 곳곳에 전법사로 파견했다.

그와 같이 불법을 널리 펴던 아쇼카 왕이 즉위 17년째 되던 해, 마가다국의 수도였던 파탈리푸트라(Pāṭaliputra)에서 목갈리풋타팃사(Moggaliputtatissa)의 주도로 1000명의 비구를 소집하여 결집을 행하였다. 이를 가리켜 1000인 결집, 또는 화씨성 결집, 1000인 집법集法 등으로 부른다.

제3차 결집에서는 인도 자체와 스리랑카 등의 외국에 정통 교의를 전하는 성전을 편찬했으며, 논서들을 논장論藏으로 집성함으로써 비로소 삼장이 갖추어지게 되었다. 이와 같이 삼장을 편찬하는 데 총 9개월이 걸렸다고 한다. 특히 목갈리풋타팃사는 별도로 『논사論事Kathāvatthu』를 지어서 그릇된 견해를 논박했다. 이러한 사실은 남전南傳의 율장律藏이나 『대사』와 『도사』 등에 기록되어 있다.

제4차 결집

서북 인도를 지배하던 카니슈카(Kaniṣka, 재위 73~103) 왕 시대에 『아비달마대비바사론』을 편집했던 일을 가리켜 제4차 결집이라 말한다. 카니슈카 왕은 아쇼카 왕에 비견될 만큼 불교를 후원하는 데 아끼지 않았던 인물로서 불교의 발전에 큰 역할을 했던 것으로 유명하다.

현장玄奘 스님이 번역한 『아비달마대비바사론』의 「발跋」에 의하면, 제4차 결집은 붓다의 입멸 이후 400년경에 카슈미르(Kaśmīra)의 환림사環林寺에서 이루어졌다고 한다.

제4차는 파르슈와(Pārśva) 존자가 카니슈카 왕에게 건의하여 후원을 받아내서 삼장에 정통한 500명의 비구들을 소집하여 결집을 행하였다. 그 때 집대성된 문헌이 총 30만 송頌 660만 언言에 달하는 대주석서 『아비달마대비바사론阿毗達磨大毘婆沙論』이다.

경전의 결집과 교단의 발전

붓다가 세상을 떠난 뒤에 그 제자들의 활약은 참으로 눈부신 성과를 낳았다. 어떤 이들은 불법이 그만큼 탁월했던 탓으로 불교가 세계 종교로 발돋움할 수 있었다고 주장한다. 하지만 첫째가는 공으로는 붓다의 제자들, 즉 승단을 꼽지 않을 수 없을 것이다. 또한 불교가 인도에 뿌리를 내린 뒤로 금세기에 이르기까지 세상 곳곳으로 전파되면서 붓다의 가르침은 그 자체의 포교를 넘어서서 다른 나라의 사상과 종교에도 많은 영향을 주었다. 그러한 영향력의 근간은 두말 할 것도 없이 가르침의 보고인 경전에 있었다. 붓다가 가고 없는 자리를 대신한 것은 그의 말씀, 곧 경전이었기 때문이다. 물론 붓다가 제자들에게 직접 전수했던 금구金口의 진리도 시간의 흐름에 따라 다양한 방식으로 변모되는 것을 피할 수 없었다.

이 세상 모든 것이 무상하다는, 그 금강과도 같은 사자후가 경전의 전승에도 적용되는 것인가? 붓다의 말씀을 담아 전하는 결집이 여러 차례 거듭됨에 따라서 불법은 차츰 변용되어 갔으며, 불교는 시대의 흐름에 맞추어 새로운 옷으로 갈아입는 결과를 낳았다. 그러나 근본적이고 중요한 붓다의 가르침은 퇴색되지 않고, 지금까지 이어져 오고 있다.

쉼 없이 돌아가는 수레바퀴와 같은 윤회의 고통에서 벗어나 해탈로 이르는 길은 오로지 욕망을 단절하는 것이라는 슈라마나의 이상이 바로 그것이다. 교단이 발전하고 불교가 전파되면서 명멸했던 수많은 부파와 종파들…… 그럼에도 불구하고 불교라는 한 나무의 그늘 아래 속하는 이유는 그 슈라마나의 이상을 부정하지 않고 실천하고자 노력하는 데서 찾아야 할 것이다.

그리고 인도의 국목國木인 거대한 반얀 나무처럼, 온갖 공중뿌리와 가지들을 모두 한데 포용하는 거목으로 성장한 불교. 그 역시 결집으로 완성된 경전이라는 반석 위에 단단히 뿌리 내리고 있었기 때문이라는 점을 잊지 말아야 한다.

불승의 시대

슈라마나 전통에 속하는 종교 교단을 가리키는 용어로는 '가나(gaṇa)'와 '상가(saṃgha)'가 있다. 슈라마나 교단에 속한 자이나교와 불교에서는 그들의 교단을 가리켜 가나 또는 상가라고 불렀다. 하지만 두 교단에서 주장하는 내용은 세월이 흐를수록 공통점보다는 차이점을 두드러지게 하는 결과를 낳았고, 별개의 교단으로서 독자적인 길을 걷게 되었다. 그 과정에서 슈라마나 교단에 공통적으로 통용되었던 용어들도 각 교단에 특화된 용례로 정립되기에 이른다. 예컨대, 예로부터 인도에서 '지나(jina)'와 '붓다(buddha)'라는 말은 '해탈을 성취한 깨달은 사람'이라는 뜻으로 두루 쓰이던 말이었다. 그런데 슈라마나 교단이 분리되면서, 지나는 자이나교의 성자를 대변하는 말로, 붓다는 불교의 성자를 가리키는 말로 고착되기에 이르렀다. 그리고 각 교단을 가리키는 용어도 자이나교의 교단은 가나라고, 불교의 교단은 상가라고 구별하여 부르게 되었다.

상가, 즉 불교 교단은 자이나교의 가나와 달리, 그 성립 초기부터 매우 적극적인 포교 활동을 폈던 것으로 유명하다. 그것은 진리에 대한 가우타마 붓다 자신의 확신에서 비롯되었던 결단이었던 동시에 그 지시를 고스란히 따랐던 제자들의 충심이 어우러진 결과였다.

붓다의 가르침에 대한 제자들의 그러한 믿음은 붓다가 애초에 예상했거나 의도했던 그 이상의 성과를 낳았다. 학자에 따라서는, 붓다 자신은 현재와 같은 불교의 발전과 성장을 결코 예상치 못했을 것이라고 추정하고 있다. 자신이 깨달은 진리마저도 스스로 창조한 것이라기보다는, 고래로부터 이어져 온 옛 길들 중 하나일 뿐이라고 말했던 붓다. 그가 진리의 길을 중생들에게 몸소 가르치고 보여 준 이래로, 중생들은 그 길을 따라서 붓다처럼 깨닫기를 소망하기 시작했다. 이 세상 모든 사람들이 가우타마 붓다처럼 되기를 열망하는 불승佛乘(buddhayāna)의 시대가 열린 것이다.

붓다처럼 되기를

사랑했던 이가 떠나고 나면 그 흔적이나마 붙잡아 두고자 한다. 인지상정이 그러하다. 하물며 최상의 진리 그 자체였던 붓다가 세상을 떠난 뒤에 남겨진 이들은 어떠했을 것인가? 오로지 붓다 한 사람만을 바라보며 자신의 모든 것, 진실로 모든 것들을 버리고 온 마음을 다 바쳐서 따랐던 붓다가 떠나고 말았다면 말이다.

경전에서는 그러한 정황을 참으로 절절하게 전하고 있다. 붓다가 입멸하려고 하자 차마 견딜 수 없다면서 미리 죽어 버리는 제자가 있는가 하면, 애끓는 아난다의 심경과 그를 어르고 달래는 붓다의 부드러운 음성까지……. 수천 년이 지난 지금도 그 현장을 고스란히 되살려 내기에 전혀 부족함이 없을 정도이다. 그렇게 붓다가 세상을 떠난 뒤로 제자들은 붓다가 남겨 준 가르침만을 기둥으로 삼아 교단을 이끌어 나갔다. 지속적인 포교 활동으로 인하여 교단은 갈수록 확장되어 갔고, 귀의하는 사람들도 그 신분의 높고 낮음이 따로 없었다.

그들 모두의 기준은 오직 하나였다. 붓다처럼 되자는 것이었다. 가우타마 붓다가 그렇게 했듯이, 남겨진 제자들도 그와 같이 수행하였고 언젠가는 그들 모두 붓다가 되리라는 희망이 있었다.

우리 속담에 흉내를 내다가 닮는다고 하듯이, 붓다의 흉내라도 내서 깨달음을 얻고 해탈을 성취하고자 했던 제자들은 스스로 붓다가 되어 갔다고 믿었다. 이러한 불승의 시대에 대한 다른 이름은 소승小乘(hīnayāna)의 시대이다. 소승이란 대승大乘(mahāyāna)에 비하여 작은 수레, 즉 두루 함께 타고 가는 큰 수레가 아니라 각자 자신만의 해탈에 전념하기 때문에 작은 수레와 같다는 의미를 담고 있다. 하지만 소승 또는 열승劣乘이라는 표현은 대승이 성행하면서 고착된 폄칭의 일종이다.

때로는 불승의 시대를 나한도羅漢道(arhatyāna)의 시대라고도 한다. 오로지 아르하트가 되기를 열망하면서 수행에 전념하던 시기라는 뜻이다. 이는 붓다가 살아 있었던 시대와 마찬가지로 수행으로 얻는 최고의 경지는 아르하트, 즉 나한과 다를 바 없다고 여겼기 때문이다. 그러나 세월이 흘러 가우타마 붓다의 위상은 더욱 높아만 갔으며, 수행을 완성한 사람을 가리키던 아르하트와도 완전히 분리되어, 붓다는 비할 데 없는 최상의 깨달음을 얻는 경지라고 추앙되기에 이르렀다.

탈것(乘)이라고 번역하는 야나(yāna)라는 말은 본래 어떤 목적지에 이르는 길이나 과정, 또는 무엇을 달성하기 위한 수단 등을 뜻한다. 따라서 불승이란 붓다가 되고자 수행하는 것을 총칭한다고 해도 틀림이 없다. 그 붓다가 가우타마 붓다라는 특정한 사람이든지, 최상의 깨달음을 성취한 이를 가리키는 보통 명사이든지 막론하고, 불교도의 존재 목적은 붓다의 길을 따라 걷는 데 있다.

불승의 시대를 지나 대승의 시대, 금강승의 시대로 발전하는 다양한 불교의 변천사 속에서 추호도 변하지 않는 것 하나를 꼽자면, 바로 붓다처럼 되자는 불승의 이념이자 목표이다. 그것은 또한 붓다의 입멸 이후 불교의 역사상에 명멸하는 온갖 형태의 변용과 다양한 해석에도 불구하고 불교라는 한 울타리로 묶을 수 유일한 규준規準이기도 하다.

교단의 분열

전승된 여러 문헌에 따르면, 붓다의 입멸 이후 점차 발전을 거듭하였던 불교 교단은 기원전 3세기경에 이르러 여러 갈래로 나뉘게 된다. 본래, 교단의 각 구성원이 평등하게 책임을 지고 서로 존경하는 일미화합一味和合을 이상으로 하는 불교 교단이었지만 세월의 흐름에 따라 차츰 대립과 분열의 양상이 극심해져 갔다. 후대에 더욱 가속화된 교단의 분열과 구별하여 첫 분열을 '근본 분열'이라고 부른다. 근본 분열에 대한 전승 내용은 남방계 국가의 전승, 즉 남전南傳과 북방계 국가의 전승, 즉 북전北傳 사이에 차이가 있다. 대표적인 남전 문헌으로는 『도사』와 『대사』가 있으며, 북전의 기록들 가운데서 가장 중요한 문헌으로 인정받고 있는 것은 『이부종륜론異部宗輪論』이다.

인도의 학승 바수미트라(Vasumitra, 1~2세기경)가 저술한 『이부종륜론』의 서두에서는, 붓다가 입멸한 지 100여 년이 흐르자 여러 부파들이 생겨나서 이롭지 못한 주장으로 사람들을 미혹시키게 되었으므로, 붓다의 진정한 가르침을 얻기 위해서 이 책을 쓴다고 밝히고 있다.

바수미트라에 따르면 붓다가 열반한 후 100여 년이 지난 뒤 아쇼카 왕이 재위에 있을 당시에 처음으로 교단이 분열되었다. 그 첫번째 분파의 원인은 마하데바(Mahādeva)가 주장했던 다섯 가지에 있었다. 그 당시 교단은 용상중龍象衆, 변비중

邊鄙衆, 다문중多聞衆, 대덕중大德衆 등 네 부류로 나뉘어져 논쟁을 거듭하고 있었다. 그런데 마하데바의 다섯 가지 논점을 계기로 하여, 교단은 대중부大衆部와 상좌부上座部라는 두 파로 크게 이분되었다. 이 사건은 첫번째 교단의 분열이라는 의미에서 근본 분열이라고 한다.

지말 분열

근본 분열이 이루어진 후로, 교단에서는 논쟁점이 있을 때마다 서로 다른 견해를 가진 사람들끼리 따로 갈라져 나와 별개의 부파를 이루었다.

상좌부와 대중부 가운데서 먼저 분열되기 시작한 쪽은 대중부였다고 전한다. 상좌부보다 훨씬 많은 사람들로 이루어졌던 대중부는 근본 분열 이후로 100년 사이에 총 네 번 분열하였다. 결국 8개 부파가 성립되었는데, 그 근본이었던 대중부와 지말支末 8부파를 합해서 '본말本末 9부파'라고 한다.

상좌부는 붓다의 입멸 후 300년이 지났을 때, 설일체유부說一切有部와 설산부雪山部, 둘로 나뉘어진 것을 시작으로 하여, 100년 동안에 7회의 분열을 거듭하여 총 11개의 지말 부파로 나뉘어졌다. 그런데 대중부가 지말 분열을 거듭하는 동안에도 근본 부파로서의 명맥을 유지했던 것과는 달리, 상좌부의 지위가 어떠했는지에 대한 사료는 충분하지 않다. 따라서 근본과 지말을 합하여 부르는 숫자에도 차이가 나며, 근본 상좌부의 맥을 정하는 데에도 설이 나뉘고 있다. 대체로 설산부를 근본 상좌부와 동일시하고, '본말 11부파'라고 헤아린다. 이렇게 하여 초기 교단은 모두 20개의 부파로 나뉘어졌다고 말하는 것이 일반적이기는 하지만, 그 밖에도 수많은 분파들이 있었다는 사실을 남전과 북전의 여러 문헌을 통해 알 수 있다.

부파의 논쟁점과 공과

분열에 분열을 거듭하였던 교단 내의 논쟁점들은 무엇이었을까? 가장 먼저 근본 분열을 초래했던 논쟁점, 즉 마하데바의 다섯 가지 주장들은 다음과 같다.

> 첫째, 아르하트(arhat)는 성욕을 일으킬 수 있다.
> 둘째, 아르하트는 무지無知가 남아 있다.
> 셋째, 아르하트는 의심이 남아 있다.
> 넷째, 아르하트는 다른 사람의 도움으로 깨달음을 얻을 수 있다.
> 다섯째, 불도佛道는 소리를 통해서 얻을 수 있다.

마하데바는 이와 같은 다섯 가지가 붓다의 참된 가르침이라 주장하였으며, 그에 대한 논박과 논쟁으로 인해서 마침내 교단은 두 파로 나뉘게 되었다는 것이다. 하지만 이러한 논쟁의 이면에는 사회적 변화가 또 다른 이유로서 작용하였다고 본다. 교단이 지역적으로 확장되고 생활 환경이나 사회적 상황들이 변화되면서 고정적인 율장의 내용만으로는 모두 대처할 수 없게 되자 교단 내부에서도 진보와 보수 사이에 의견 충돌이 발생했던 것이다. 그 후에도 승단 내에서 벌어졌던 온갖 논쟁의 전말을 상세히 알 길은 없다. 그렇지만 부파 분열 당시의 정황을 짐작할 수 있게 해 주는 문헌들에서 전하는 각 부파 간의 논쟁점들은 그 당시 교단의 최대 관심사가 바로 불법의 엄밀한 해석에 있었다는 것을 보여 준다. 각 부파 간의 분열은 비록 집단 상호 간의 차이를 드러낼지언정 각자가 이해하는 대로 올바른 붓다의 가르침을 계승하고자 노력했던 결과의 일면이라고 추정되기 때문이다.

각 부파의 논쟁 내용은 예컨대 취聚, 심心, 삼매三昧, 천天, 4대大 등을 비롯하여, 업과 과보의 문제라든지, 출세간법의 문제, 무위법無爲法의 인정 여부, 과거와 미래의 실체성이라든지 사물의 실재성 여부, 그리고 깨달음의 문제 등을 비롯한 교리상의 쟁점들을 비롯하여 불탑 신앙의 문제 등이다. 사실 『이부종륜론』을 비롯한 여러 문헌에서 전하는 각 부파의 주장들은 언뜻 보기에 별반 차이가 없는 듯도 하다. 하지만 그들이 주장하고 논쟁하였던 교리상의 논점들은 대승 불교의 성립에 지대한 영향을 주었다. 그리고 대승에 속하는 경전들에서 다루고 있는 내용들은 수많은 부파가 갈리는 논쟁점들이 보다 더 진전되고 체계화된 형태로 승화된 것들이라 해도 과언은 아니다.

부파 불교 시대에 이어서 발달한 대승 불교의 씨앗이 무엇이었던가에 대해서는 그 누구도 확고하고 명료한 답을 내리기 어려울 것이다. 하지만 대승 불교의 원류가 불승, 즉 부파 시대에서 비롯되었다는 것을 부인하기란 역시 쉽지 않은 일이다. 아니 보다 더 적극적으로 추론하자면, 대중부의 교리가 바로 대승 불교의 내용을 이루고 있으며, 그 외에도 유부, 경량부, 화지부, 법장부 등 상좌부의 주요 교리도 대승 불교 속에서 큰 목소리를 내고 있다는 것을 간과해서는 안 된다.

  어떠한 사상이 역사의 흐름 속에서 다른 사상적 조류와 상호 작용을 주고받으며 하나의 물줄기를 이루어 가고, 또한 다시 갈리거나, 다시 또 합쳐지면서, 다른 또 하나의 대해大海를 이룬다. 불교라는 막막한 대해 속에서 여러 부파의 논쟁과 분파는 작은 개울이거나 아니면 여러 줄기의 강물이나 또는 잠시 일렁이는 파도 거품과 같은 것이었을는지도 모른다.

  그러나 너무나도 엄밀하고 치열하다 못해 번쇄하기 짝이 없다는 혹평까지 들어야만 했던 부파 논사들의 쟁론들이 '철학적 불교'라는 튼튼한 주춧돌을 놓고 '종교적 불교'라는 튼실한 기둥을 세우는 역할을 하였다는 것을 잊지 않아야 한다. 그리고 무엇보다도 '부파 논사들의 불교'가 흔히 지칭하듯이 소승, 즉 작은 수레에 불과한 것이었다는 인식을 재고再考하는 것이 부파 불교 시대의 논쟁사를 올바로 보는 첩경일지도 모른다. 대승 불교 시대는 불승 시대, 즉 부파 불교 시대라는 알껍데기를 깨고 나온 거대한 붕새와 같기 때문이다.

대승의 시대

대승大乘(mahāyāna)이란 '커다란 탈것'을 뜻한다. 하지만 인도 문화에서 야나(yāna)란 말은 궁극적인 목적을 달성하는 수단을 의미한다. 예로부터 인도인들은 윤회하는 이승의 세계는 차안此岸에 있고, 죽은 뒤에 가는 저승 또는 해탈의 세계는 피안彼岸에 있다고 생각했다. 또한 그들은 그 차안과 피안의 사이에는 그 누구도 쉽게 건널 수 없는 깊은 강이 흐르고 있다고 여겼다. 그 피안의 해탈 세계로 건너가기 위한 최상의 탈것에 대한 인도인들의 열망은 수많은 종교와 철학을 낳게 하는 원동력이 되었다.

불교의 역사에 새로운 기풍을 형성하게 된 대승 불교는 '위대한 탈것'이라는 그 이름처럼 출가와 재가를 불문하고 모든 사람이 붓다와 동일한 깨달음에 도달할 수 있다는 이상을 구체적이고도 다양한 방도로 제시하였다. 그리고 마침내 대승의 사상은 수많은 사람들의 공감을 이끌어 냈으며, 불교를 세계적인 보편 종교로 성장시키는 결과를 낳았다.

대승 불교의 원류

대승 불교란 일반적으로 기원전 1세기경부터 발흥한 새로운 불교 운동을 가리킨다. 대승 경전을 신봉하고 그 교의에 따라 실천하는 불교 수행의 한 체계로서, 현재 남방 불교권을 제외한 중국, 우리나라, 일본 등의 한역漢譯 문화권과 티베트계 문화권이 이에 해당한다. 그런데 대승 불교의 발원과 시기, 그 직접적인 동인動因이 무엇인지에 대해서는 명료한 정설이 없다. 수많은 설명 중 어느 것도 만족할 만한 것은 없다고 할 만큼 명확하지 않다.

일설에서는 인도에서 대승의 싹이 트기 시작한 것은 기원전 250년경이라고 주장하기도 하는데, 아쇼카 대왕의 재위 시기에 대승 불교 운동이 시작되었다고 보는 입장이다. 대승 불교의 원류에 대한 설명은 크게 셋으로 정리할 수 있다.

첫째, 부파 불교의 발전 양상에서 등장하게 된 운동이라는 설이 있다. 이 주장에 따르면 대중부와 경량부 등 여러 부파의 교리 및 활동이 대승 불교의 성립에 큰 영향을 주었다고 본다.

둘째, 불탑 신앙의 전개와 더불어서 대승 불교가 발전한 것이라는 설이다. 이 설에 따르면 대승 불교의 모체는 재가 신자들이라고 한다. 이 설을 따르는 이들은, 붓다의 유골을 모신 불탑을 중심으로 모여서 붓다의 덕을 찬양하고 그 힘으로 복과 공덕을 쌓기를 기원하고 있던 재가 신자들이 대승 운동의 핵심이었다고 주장하며, 재가자들에게 붓다의 전기를 이야기하고 가르침을 베풀어 주는 법사들을 지도자로 하여 발흥했다고 본다.

셋째, 대승 경전을 비롯한 불전佛典 문학의 등장과 함께 한다는 설이다. 새로운 운동이 주장하는 바를 널리 퍼뜨리는 법사들은 붓다의 덕을 찬탄하는 새로운 경전을 작성했는데, 그것이 대승 경전이다. 초기의 대승 경전은 불탑 숭배를 설하고, 붓다 앞에서의 참회와 예배를 권하며, 보시 등의 이타행을 설하고 있다. 그러나 운동의 전개에 따라 경전 그 자체의 공덕을 고양하고 그에 대한 숭배를 강조하기에 이른다. 결국 대승 경전 그 자체가 대승 불교의 핵심이었다는 입장이다. 하지만, 이에 따르면 그러한 과정에서 대승 불교 독자의 교리는 비약적으로 발달했으나 교단으로서는 독자적인 율장이 없는 점 등 그 모습을 명확히 추정하기는 쉽지 않다.

이상과 같이 대승 불교의 성립에 대한 여러 가지 학설들을 요약하여 말하기를, 인간이 붓다를 믿어 온 역사라기보다는 오히려 인간이 붓다가 되어 간 역사라고 말하기도 한다. 이 점은 가우타마 붓다 자신이 신이 아닌 인간으로서 자신의 사상을 몸소 실천하고 성취했던 것처럼, 보편적인 인간이라면 누구나 그와 같이 붓다가 될 수 있다는 길을 재차 확인하고 실천하는 길을 모색하는 과정의 역사라는 사실을 강조하는 것이기도 하다.

대승의 사상과 실천

대승 불교는 기존의 붓다 관념에 대해서 새로운 시각을 정립하였다는 점에서 크게 주목을 끌었다. 대승에서는 신앙의 대상인 붓다의 본원本願과 정토淨土를 설하고 자비를 찬탄하며, 불신론佛身論을 그 중심에 두었다.

대승의 불신론은 진리 그 자체로서의 붓다, 즉 법신法身과 중생 제도를 위한 붓다의 시현示顯, 즉 색신色身을 강조하는 것으로서 구체적으로는 시방삼세十方三世에 수많은 붓다들이 존재한다고 믿었다. 특히 삼신불三身佛이라 하여 불신을 3종으로 구분하였는데, 그 내용은 경우에 따라 다양한 조합으로써 설명된다.

1) 자성신自性身, 수용신受用身, 변화신變化身
2) 법신法身, 보신報身, 응신應身
3) 법신, 보신, 화신化身
4) 진신眞身, 보신, 응신
5) 법신, 지신智身, 대비신大悲身
6) 법신, 응신, 화신

그 중에서 가장 보편적인 삼신불은 법신불, 보신불, 화신불, 3불을 말한다. 일반적으로 보신은 아미타불, 법신은 비로자나불, 화신은 석가모니불을 꼽는다. 하지만 그 외에도 경전의 내용을 토대로 하여 다양한 쌍을 이룬 3불상이 봉안되기도 한다. 예로부터 인도에서 브라마, 비슈누, 쉬바라는 3신을 숭배하는 신앙적 전통의 영향으로 불교에서도 3신불을 숭배하는 신앙이 생겨났으며, 그에 따라 자연스럽게 사찰에서도 3신불을 봉안하게 된 것이라고 보고 있다. 그리고 대승 불교에서는 이러한 신앙적 실천의 주체로서의 보살을 강조했다. 보살이란 보디삿트와(bodhisattva)라는 말을 음역한 것으로, '깨달음을 추구하는 중생'이라는 뜻이다. 보살은 원래 성불하기 이전의 붓다를 가리키는 말이었으나, 불교에 귀의하고 입문한 모든 사람을 가리키는 말로 승화시킨 데에는 대승의 구도자에게 붓다를 닮으라는 뜻이 담겨 있다. 이와 같이 기존의 아라한이라는 이상을 보살로서 대신한 대승에서는 중생 모두가 해탈을 이룰 때까지 스스로 열반에 들기를 거부하고 중생들 속에서 함께 수행하며 그들의 해탈을 위해 진력한다고 강조했다.

대승의 주창자들은 모든 인간의 마음속에는 불성이 잠재되어 있기 때문에, 집착과 아집으로 인해서 가려진 불성을 드러내기 위해서는 부단한 수행을 쌓아야 한다고 설했다. 그들은 보살행菩薩行이라는 실천 덕목을 설하였는데, 여러 종류의 파라미타(pāramitā, 바라밀 또는 바라밀다)는 '피안에 도달하기 위해서 닦아야 할 수행 방법들'을 총칭한다.

파라미타는 정정定과 혜慧의 2파라미타를 비롯하여, 4파라미타, 6파라미타, 7파라미타, 10파라미타, 32파라미타 등등 수없이 많은 조목들이 대승 경전에 소개되어 있다. 그 중 가장 널리 알려진 것은 6파라미타이다.

6파라미타는 보시布施, 지계持戒, 인욕忍辱, 정진精進, 선정禪定, 지혜智慧 등으로서 불도 수행에서 가장 기본이 되는 덕목들이다. 경전에서 말하기를, 6파라미타는 모든 붓다를 낳은 어머니이며 모든 붓다 의지하는 보배라고 말할 만큼 깨달음을 성취하는 데 가장 중요한 것이라 한다. 10파라미타는 6파라미타에 방편方便, 원願, 역力, 지智 등 네 가지를 더한 것이다. 또한 이러한 파라미타 사상에 근거한 가장 이상적인 대보살들로서 문수文殊, 보현普賢, 관음觀音 등의 여러 보살들이 대승 경전의 주인공으로서 등장하고 있다.

파라미타를 실천하는 보살들의 수행에는 그 정도에 따른 단계가 있다는 사상도 정립되었는데, 바로 10지地 등의 보살 계위이다. 10지는 보살이 수행하여 성불하기까지 총 52단계의 수행이 있는데, 그 중에서 제41부터 제50 단계까지를 10지라 한다. 10지는 차례대로 초지初地, 2지, 3지 등으로 부르기도 하고, 제1 환희지歡喜地, 제2 이구지離垢地, 제3 명지明地, 제4 염지焰地, 제5 난승지難勝地, 제6 현전지現前地, 제7 원행지遠行地, 제8 부동지不動地, 제9 선혜지善慧地, 제10 법운지法雲地 등으로 부르기도 한다.

10지에 이르러서야 보살은 비로소 불성佛性을 보며 중생을 구제하고 지혜를 갖추기 때문에, 10성聖이라 하며 성인의 칭호를 받는다. 이와 같은 10지 보살 사상은 파라미타의 덕목들과 함께 대승 불교를 발전시키는 핵심적인 사상으로 자리 잡았다.

대승 불교의 실천이 기반이 되었던 진리관은 생사 즉 열반生死即涅槃이라고 설하는 공성空性 사상이 근간을 이룬다. 보살은 무주처無住處 열반을 이상으로 하여 이타행을 실천하며, 미혹과 깨달음의 동일한 근거로서의 마음에 대해서도 공성에 의해 본질이 해명되어, 여래장如來藏이라든가 유심唯心 또는 유식唯識의 이론을 낳았다. 또한 붓다의 깨달음을 원점으로 하여 제법諸法의 연기가 곧 진여眞如이며 법계法界라고 하며, 그 특색을 공空 내지 공성空性이라 파악하여, 반야 파라미타에 의해 이것을 체득하는 것을 깨달음으로 삼는다. 이러한 사상을 토대로 한 대승 불교에서는 그 이전 교단의 가르침이 스스로 아라한이 되어 열반하는 것을 최상 목표로 했던 것은 다른 중생의 이익을 고려하지 않은 편협한 가르침이라는 뜻에서 소승小乘(hīnayāna)이라고 폄칭하였다.

대승 경전

대승 불교의 발전 과정에서 두드러진 특징은 붓다의 가르침을 재정비하여 다양한 경전들을 성립시키고 그에 대한 수많은 논서를 편찬했다는 점이다. 대승을 신봉하는 이들은 이러한 경전과 논서를 중심으로 사상을 정립하고 세력을 확장해 나갔다. 대승 경전은 거의 7, 8세기경까지 오랜 시일에 걸쳐서 편찬되었기 때문에 그 수를 헤아리기도 쉽지 않다. 일반적으로 현재 전해지는 한역漢譯 경전을 중심으로 볼 때 약 1200부에 이르며, 티베트 어 번역본으로는 약 1900부에 이를 만큼 방대하다. 대부분의 대승 경전은 프라크리트 어를 포함한 광의의 산스크리트 어로 이루어졌지만, 그 중 대다수의 경전이 현재는 전하지 않으며, 그 일부만 원전이 전해지고 있다.

오랜 기간에 걸쳐서 형성된 다양한 대승 경전을 시대적으로 구분할 때 다음과 같이 세 시기로 구분한다.

초기는 1세기경까지로서 나가르주나 이전을 말한다. 중기는 나가르주나 이후부터 바수반두까지이며 약 2~5세기경까지 해당한다. 후기는 바수반두 이후, 즉 6세기부터 금강승의 성립기, 즉 7세기경까지를 말한다.

이러한 세 단계의 발전을 거치면서 수많은 경전과 논서를 통해서 대승의 사상은 괄목할 만한 성과를 거두었다. 대승의 경전들을 내용면에서 구분해 보면, 반야부, 법화부, 화엄부, 보적부, 열반부, 대집부 등으로 나눌 수 있다. 그 주요 내용으로는 붓다와 보살의 지혜를 찬탄하고, 삼매의 수행과 가치를 강조하며, 대보살들과 불제자들, 재가 불자들의 실천 수행, 법공法空과 법신 진여 사상 등을 포함하고 있다. 그리고 이러한 경전의 편찬에서 그치지 않고, 논서를 통해서 그에 대한 치밀한 논의를 펼침으로써 각자의 논지를 주장하고 있다. 그러나 무엇보다도 대승 경전이 아함부 경전과 다른 특징 중 하나는 아함부에서 가우타마 붓다의 권위를 빌어서 경전을 서술했던 것과는 달리, 법사들 스스로 대승의 교리를 체계화하는 데 치중했으며 붓다의 권위에만 전적으로 기대지는 않았다는 점이다. 이는 대승이 부파 불교 또는 원시 불교와는 독립적으로 그 사상을 정립하게 된 계기를 만든 것이라고 평가되고 있다.

대승 교단의 성쇠

대승 불교가 널리 퍼지게 되는 데 가장 큰 공헌을 한 주인공들은 바로 설법사說法師들이었다. 대승의 시대에 법사들은 스스로 보살도를 수행하면서 대중을 향해 법을 설하고, 대중들은 그 법문을 베껴 쓰고 외우며 널리 펴는 것이 공덕을 쌓는 길이었다. 법사들은 일반적으로 보살이라 불렸으며, 그들은 정법의 수호자이자 교법의 정통적인 전수자로서 그 역할을 다하였다.

1세기경부터 불교 전법사들은 힌두쿠시와 히말라야 산맥을 넘어 포교하기 시작했지만, 인도 불교 교단은 굽타 왕조의 성립 이후에는 차츰 쇠퇴의 길로 접어들기 시작하였다.

굽타 왕조는 중앙 집권적인 체제를 확립하고 사회 질서의 토대가 되는 브라만교를 국교로 정하였다. 그에 따라 브라만교, 즉 힌두교는 급속히 세력을 펼쳐 갔으며, 동시에 불교의 사회적 기반은 약화되었다. 불교 교단에서 중관, 유식 학파와 불교 논리 학파 등의 학문적 성과는 활발히 이루어지고 있었지만, 민중들 사이에서는 이미 힌두교가 중심 신앙으로 자리 잡았다.

힌두교의 지배적 위치는 불교를 비롯한 다른 인도 종교에도 많은 영향을 미치게 되는데, 그로 인하여 대승 불교 교단도 변화를 피할 수 없었다. 더구나 대승을 따르던 재가자들도 인도 일반의 민간 신앙과 힌두교의 영향을 받아서 다라니와 무드라, 만다라 등을 신앙 방식으로 채용하여 여러 의식을 통해서 실천하기 시작했다. 이러한 양상은 인도 불교의 또 다른 발전 양상, 즉 금강승 불교를 성립시키기에 이른다.

인도 불교가 국경을 넘어서 드넓게 포교되었던 것과 반비례하여 인도 내에서는 그 세력이 약화되었고 내용면에서도 변용될 수밖에 없었던 연유에 대해서 갖가지 요인들이 거론되고 있다. 하지만 가장 첫째로 꼽는 이유는 대승의 교의가 발전을 거듭할수록 보살 수행보다는 불법佛法에 대한 논의 자체에 치중하는 경향을 보임으로써 재가자 중심에서 다시 출가자 중심으로 전환되었고, 또한 지나치게 전문화되어 사실상 민중의 생활과 괴리되었다는 점이다. 요컨대 인도 국경을 넘어 전파된 대승의 교의는 각 나라의 사상과 결합하여 발전적 수용을 가져왔으나, 정작 인도에서는 소승이 그러했던 것처럼 대승 또한 쇠멸의 길로 접어들고야 말았다.

금강승의 시대

마우리아(maurya) 왕조 때 아쇼카 왕의 두터운 보호를 받고 성장하기 시작했던 불교 교단은 인도 내외로 크게 확장되기에 이르렀다. 하지만 다른 한편으로는 인도의 토착적인 민속 전통과 힌두교 등과 혼합되어 새로운 경향을 띠기 시작하였다. 그것이 바로 금강승金剛乘(vajrayāna) 불교이다.

성립 배경

마우리야 왕조에 버금가는 통일 국가를 이루었던 굽타 왕조 때부터 지배층의 종교로서 확고하게 자리 매김한 힌두교는 사회 전반의 기본 질서로 그 골격을 형성하였다. 그리고 8세

기 중엽에 파탈리푸트라를 수도로 하여 번성했던 팔라(Pāla)
왕조의 여러 왕들은 특히 불교를 보호하여 지원을 아끼지 않
았다. 그런데 그 당시 동인도와 벵갈 지역을 중심으로 하여 융
성했던 불교는 기존의 대승 불교와는 차별화된 교의 내용으로
보다 더 힌두교에 근접한 탄트라 불교의 양상을 띠고 있었다.
이와 같이 힌두교와 습합된 탄트라 불교를 대승과 구별하여
금강승이라 한다.

금강승이란 인도 불교의 최종 발전 단계로서 대승 불교의
인도적 변용이라 볼 수 있다. 그렇지만 금강승 교단 내에서는
자신들의 교의야말로 금강처럼 견고하고 유일한 최상의 진리
라고 자부하며 그와 같은 명칭으로 불렀다.

금강승의 교의는 힌두교의 의례와 교의 내용을 상당히 많
은 부분에서 채용함으로써 불교 고유의 특징을 상실함과 동시
에 종국적으로는 힌두교에 동화되는 결과를 초래하였다. 하지
만 금강승의 성립 계기를 단순히 힌두교와의 습합에서만 찾을
수는 없다. 이미 대승 경전에서부터 강조되기 시작했던 다라
니 등의 주력呪力 신앙은 금강승의 뿌리로서 인정되며, 더 나
아가 인도 사상의 일반적 토양에서 기인한다고 본다.

금강승의 배경으로 거론되는 주요 원인 네 가지는 다음과
같다.

첫째, 교주인 가우타마 붓다의 역사적 실체가 퇴색되었다는
점이다. 부파 시대와 대승 불교를 거치면서 성립된 다불多佛
사상, 삼신불三身佛 사상 등은 가우타마 붓다를 역사적인 인물

에서 멀어지게 만들었다. 그 결과 수많은 불보살들의 등장함으로써 인도 전래의 다양한 신들에게 접근하는 결과를 낳았으며, 급기야 힌두교의 만신전萬神殿 속으로 가우타마 붓다가 편입되기에 이르렀다. 힌두교의 비슈누 파에서 발달한 화신化身 사상 중에서 10대 비슈누 화신들 중 아홉 번째 화신이 붓다라는 사실이 그 대표적인 예이기도 하다.

둘째, 출가 의식을 거친 수행자들도 다시 재가자와 같은 위치로 돌아갈 만큼 교단의 규율과 기강이 해이해졌으며, 이는 교단의 지적 활동을 쇠퇴시키는 결과를 낳았다.

셋째, 금강승 교단에서 출가 비구는 주술사(siddha) 내지 마법사(vajrācārya)로서의 역할까지 수행하기에 이르렀는데, 이는 쉬바교 또는 비슈누교와 크게 다른 점이 없었다. 예컨대 그 당시 천민 집단의 비교적秘敎的 의례로서 주술사인 귀녀鬼女들이 특정일 밤 묘지에서 음주, 육식을 하면서 광란의 향연을 벌이고 지도자인 남성과 성적인 요가행을 했으며, 이는 각종 탄트라에도 반영되어 있다.

넷째, 탄트라 우주관의 영향으로 인하여 여성성을 강조하고 여성 원리의 중요성을 새롭게 인식하기 시작했다. 기존의 불교 교의와는 달리 여신 내지 여성 원리에 적극적인 가치를 부여했다. 반야般若 즉 지혜는 여성성으로서 영원 절대성을 지니며, 방편方便 수행은 남성성으로서 상대적인 활동성을 지닌다고 보았다. 하지만 이 점은 힌두 탄트라와는 그 성격이 다르다. 힌두교에서는 쉬바 신이 남성성으로 무시간적 영원성을 지니며, 샥티 신은 여성성으로서 변화와 창조성을 지닌다고 한다.

탄트라의 개념

이와 같은 복합적인 배경과 시대적인 영향을 토대로 하여 성립된 금강승에서는 '여래의 비밀스런 힘'이 밀교密敎로서 드러난 것이라고 강조하였고, 그들의 경전을 일반적인 '수트라'가 아닌 '탄트라'라는 이름으로 구별하여 부르게 되었다.

탄트라(tantra)는 '규정하다, 집행하다, 유지하다, 부양하다'라는 뜻을 지닌 산스크리트 어 '탄트리(tantr)'에서 파생된 말로서, '의식儀式, 의례, 원칙, 밀교, 자손, 가족, 의류, 주문呪文, 약藥, 통치 방법, 군대' 등의 다양한 의미를 지닌다.

일반적 용례에 따르면, 수트라가 직물을 짤 때의 세로 방향의 실, 즉 날실을 가리키는 데 반하여, 탄트라는 가로 방향의 실, 즉 씨실을 가리킨다. 베틀에서 날실의 너비인 폭이 고정되어 있고 씨실을 넣음에 따라 천의 길이가 늘어나듯이, 수트라는 불변의 고정 상태를 뜻하고 탄트라는 유동적인 변화 가능성을 뜻하기도 한다.

이러한 뜻은 수트라와 탄트라의 문헌적 의미 해석에도 적용할 수 있다. 수트라는 고정 불변의 진리를 담고 있다고 해석되는 반면에, 탄트라는 구체적인 의례와 의식 등 지나치게 다양한 내용으로 인해서 잡다할 만큼 비체계적으로 확장되어 있는 문헌들을 가리키는 통칭으로 쓰이고 있기 때문이다. 그리고 인도에서는 불교뿐만 아니라 힌두교나 자이나교 등에서도 밀교적인 색채, 즉 비의적秘儀的이고 의례적인 경향이 강한 교의가 담겨 있는 문헌을 가리켜 탄트라라고 부르기도 한다.

종교의 분류상, 대중을 향해 널리 개방되어 있으며 세계관 내지 종교적 이상에 도달하는 방법을 명료한 언어로 설하는 통상의 불교를 현교顯教라고 하고, 비공개적인 교의와 의례를 사자상승師資相承에 의해 전수하는 비밀 불교를 밀교라고 구분한다.

이러한 특성에 비추어 볼 때, 금강승 불교의 범위를 명확히 구분 짓기란 쉽지 않다. 다만 통상적 구분에 따르자면, 그 범위는 '탄트라'라고 이름 부르는 문헌을 중심으로 하여 그에 따라 의례를 행하는 신앙 집단을 총칭한다.

경전의 성립과 발전

현존하는 불교의 문헌 중에서 '탄트라'라는 명칭을 지닌 최초의 것으로는 『초회금강정경初會金剛頂經』, 일명 일체여래진실섭경一切如來眞實攝經이라 불리는 문헌 중의 본분本分에 대한 부록에 해당하는 교리분을 꼽는다.

이 경전에서는 일반적인 구성이라 할 수 있는 '서분, 본분, 유통분'이라는 수미일관된 원전 형식이 완비되어 있지 않다. 또한 개개의 교의 또는 실천, 행법 등에 대한 비교적 짧은 문

71

단이 각각 '탄트라'라는 이름으로 불리고 있다. 이러한 점으로 보아 이 경전은 탄트라 문헌이 성립한 초기 형태를 보여 주는 것이라고 평하고 있으며, 내용면에서도 비밀스런 성적인 행법을 설명하고 있는 점으로 보아 분명히 탄트라적 성격을 띠고 있으므로 금강승 최초의 문헌으로 보는 데 이견이 없다.

하지만 금강승 교단 내부에서는 7세기경에 성립되어 금강승의 2대 경전으로 꼽히는 『대일경大日經』과 『금강정경金剛頂經』의 경우와 같이 문헌 명칭상으로는 수트라를 채용함으로써 현교의 경전처럼 쓰이기도 한다. 따라서 명칭상의 탄트라라는 말에 국한하기보다는 그 내용에 따라 금강승의 경전과 범위가 정해진다고 보아야 할 것이다.

금강승의 주요 교의는 대일 여래, 즉 대비로자나불大毘盧遮那佛을 중심으로 하여 붓다의 대비大悲와 지혜를 상징하는 태장계胎藏界와 금강계金剛界라는 양계兩界 만다라를 통해서, 불성을 지닌 중생이 성불하기 위한 과정과 의례에 집중하고 있다. 특히, 성불하기 위해서는 붓다의 법신法身과 한 몸이 되는 요가, 즉 유가瑜伽를 중요시하는데 그에 대해서는 『비밀 집회 탄트라』에서 상세한 방법을 제시하고 있다.

초기 금강승은 흔히 잡밀雜密이라 하여 다양하고 잡다한 방식의 의례가 혼합되어 있는 상태였으나, 점차로 교의가 정립되어 순밀純密이라는 이름으로 불렸다.

이러한 금강승의 발달 과정은 일반적으로 다음 4단계로 정리한다.

첫째, 소작所作 탄트라(kriyā-tantra) 단계로 잡밀 경전들이 해당한다.

둘째, 행行 탄트라(caryā-tantra) 단계로 순밀을 형성하는 양부兩部 대경大經 중에서 『대일경』 및 『대일경』 계통의 경전들이 해당한다.

셋째, 유가瑜伽 탄트라(yoga-tantra) 단계로 『금강정경』을 비롯하여 『금강정경』 계통의 경전들이 해당한다.

넷째, 무상유가無上瑜伽 탄트라(anuttarayoga-tantra) 단계로 예외적인 소수의 경우를 제외하고 널리 전승된 적이 없으며 다만 티베트에서 성행했다. 이는 다시 방편 부父 탄트라, 지혜 모母 탄트라, 불이不二 탄트라 등으로 세분하기도 한다.

금강승의 수행법

금강승의 다양한 교의를 일관된 수행 이론으로 정립하기란 쉽지 않다. 다만 탄트라 문헌의 분류를 토대로 하여 금강승의 수행법을 세 가지로 요약해 보자면 다음과 같다.

첫째, 생기生起 차제次第이다. 이는 부 탄트라에서 역점을 두는 수행법이며 3종의 사마디(samādhi)가 변화된 것이다. 공空·무상無相·무원無願 등을 3사마디 또는 3등지等地라고 한다. 『상바로다야 탄트라』에서 설명하듯이, 남녀의 교합에 의해 생긴 태아의 생장과 탄생의 과정에 견주어 만다라의 본존이 생기生起하는 것을 관상觀想하는 방법이다.

둘째, 구경究竟 차제이다. 모 탄트라에서 역점을 두는 것으로서 붓다의 세계와 범부의 신체가 본래 그 자체로서 대응해 있다는 인식에 근거하여, 수행자가 여성과 함께 행하는 성행위를 매개로 하는 요가에 의해 우리가 감각적 쾌감으로 체험하고 있는 찰나적이고 저차원적인 쾌감을 붓다의 경지인 지혜의 대락大樂까지 끌어올리는 행법이다. 이에 따르면 남성 원리와 여성 원리가 완전히 합일하는 경지에 이르면 그 순간이 곧 깨달음에 이른 상태와 같다고 한다.

셋째, 삼밀三密 수행법이다. 이는 법신불인 대일 여래가 설하는 세 가지의 비밀스런 법문法門으로서 불교에서 가장 기본적으로 꼽는 세 가지 업(karma), 즉 신身·구口·의意라는 세 가지 통로로써 짓게 되는 업을 기반으로 하여 수행을 쌓음으로써 성불成佛할 수 있다는 것이다.

이 중에서도 가장 널리 중요시되는 금강승 수행으로는 삼밀 수행법을 꼽을 수 있다. 이는 금강승 전반에 걸쳐서 강조되는 행법이라 할 수 있으며 7세기경에 인도에서 정립되어 점차 여러 나라로 퍼져 나갔다.

삼밀 수행이란 입으로는 진언을 암송하고,.손으로는 다양한 수인手印(mudrā)을 짓고, 마음으로는 불보살의 도상圖像을 염상念想하는 수행법을 말하는데, 이를 각각 구밀口密, 신밀身密, 의밀意密이라 한다. 금강승에서는 이와 같은 삼밀을 동시에 수행하라고 권장하였다. 그리고 금강승에서는 세속적인 무명無明과 초월적인 명明의 이원성을 극복하여 즉신성불卽身

成佛의 이상을 추구하였다. 더 나아가 가장 세속적인 성적인 합일을 초월적인 깨달음으로 환원시키고자 했던 금강승의 의도는 종교적인 목적과 세속적인 소망을 동시에 달성하는 데 있었다. 하지만 결과적으로 볼 때에는, 금강승의 발달로 인하여 불교 자체의 쇠멸을 초래하고 말았다는 평가도 피할 수 없을 것이다.

탄트라 불교 즉 금강승이 발전하는 데 중심적인 역할을 하였던 곳은 마가다 지역의 비크라마쉴라 사원과 오단타푸리 사원이었다.

8세기경에 건립되었던 비크라마쉴라와 오단타푸리 사원은 금강승의 교의를 정립하고 수많은 제자들을 배출하였으나, 13세기 초엽에 무슬림에 의해 파괴되어 해체되고 말았다. 그 때까지는 인도에 명목상이나마 불교 교단이 존속하고 있었다고 말할 수 있지만, 그 이후 민중의 불교 신앙은 사실상 힌두교와 전혀 구별할 수 없는 상태에 이르고 말았다. 힌두교와 습합된 불교의 형태는 현재 네팔에서 찾아볼 수 있다. 네팔에서는 불교가 힌두교의 한 종파에 불과하다고 할 만큼 양자의 구별은 쉽지 않을 정도이다.

불교의 쇠퇴

성쇠의 이치가 끊임없이 바뀌는 세상사에서 인도의 불교도 예외가 아니었다. 화려한 대승의 꽃이 금강승이라는 열매로 매듭지어지자마자 불교는 쇠락의 길로 접어들기 시작하였다. 물론 불교의 전개 역사에서 인도 내의 쇠락이 불교 자체의 소멸은 결코 아니었다는 것은 현대의 불교를 통해서도 분명하게 알 수 있는 사실이다.

그렇다면 세계 3대 종교 중 하나로 꼽히는 불교가 그 발상지인 인도에서 쇠퇴하게 된 원인은 무엇일까? 이 점은 불교사 연구자들을 당혹하게 만드는 데 첫째가는 논제이기도 하다. 또한 붓다의 생존 연대에 대한 학설만큼 분분한 주장들로 얽혀 있다. 과연 인도에서 불교가 쇠퇴하게 된 직접적인 원인이 있다면 그것은 무엇일까? 또한 그렇게 쇠퇴에 이른 과정은 어떠했는가?

불교의 쇠퇴 과정

인도에서 불교의 정점기는 하르샤바르다나 왕의 재위 시대 (606~647)였다. 하르샤 왕조는 인도 최후의 불교 왕조이다. 하르샤바르다나 왕은 펀잡, 하리야나, 라자스탄, 웃타르프라데쉬, 비하르, 벵갈, 오릿사에 이르는 광활한 지역을 지배했으며, 그 수도는 칸야쿠브자(Kanyākubja)였다. 그 시대에 가장 유명한 불교 사상가는 디그나가(Dignāga)를 이은 다르마키르티(Dharmakīrti)였다. 그들은 인식 논리학의 대가였다. 그런데 하르샤 왕조 때 인도를 순례한 현장 스님의 기록을 통해서 그 당시 인도 불교의 면면을 짐작할 수 있다. 현장 스님은 629년 8월부터 645년 2월에 걸쳐서 서역 지방을 비롯하여 인도의 여러 나라들을 여행한 뒤 『대당서역기』를 남겼다.

그에 따르면 당시 인도에는 불교 사원이 1000곳이 넘고 출가 수행자는 5만여 명에 이르렀다고 전한다. 물론 현대 인도의 국경과 그 시대의 나라별 경계를 엄밀하게 구분하기란 쉽지 않다. 그러나 현장 스님과 의정 스님의 기록에 따르면 7세기경 인도 전역에는 특정 부파를 전승하고 있는 사원과 대승 사원들이 다양하게 공존하고 있었던 상황을 충분히 짐작할 수 있다. 그리고 현장 스님의 발길 닿는 곳의 종교 분포는 불교

반, 외도 반 정도였다고 한다. 외도에는 불교를 제외하고 나체 수행파를 비롯하여 자이나교, 힌두교 등이 모두 포함된다.

7세기 즈음은 힌두 교단에 새로운 기풍이 거세지고, 불교는 점차 그 영향을 받아 탄트라적 경향이 짙어져만 가던 시기이다. 게다가 힌두교에서 전무후무하다는 평가를 받는 대철학자 샹카라의 등장은 힌두교의 융성에 기폭제로 작용한 동시에, 불교뿐 아니라 다른 종교들도 쇠퇴의 길로 접어드는 계기가 되고 말았다. 그리하여 인도 전역에서 불교 교단은 쇠약해지고 점차 그 세력은 미미해진 가운데 이슬람 세력의 진입을 대응하는 국면에 접어들었다. 그러나 이미 정치적인 외호가 없어진 지도 오래되었고 대중의 마음을 사로잡기에는 교단의 결집력도 느슨해진 상태였다.

더구나 금강승을 통한 대중과의 타협은 도리어 불교의 정체성을 흔들 만큼 모호한 경계성으로 정법 또는 초기 불교에서는 더욱 멀어진 상태가 되어 힌두교에 흡수되는 결과로 작용했다. 그리하여 사원이라는 공간적 영역은 이슬람교와 힌두교에 내주고, 사상적 골수마저 힌두교에 물들었으며 그 귀결로서 출가자들마저 힌두교화되고 말았다.

마침내 14세기경에 이르러서는 벵갈, 카슈미르, 남인도 지역 일부에 불교의 잔재가 남아 있었다고는 하지만 그 방향은 발전이 아니라 쇠멸을 향해 치닫고 있었다. 따라서 14세기 이전, 12세기에 이미 불교의 명맥이 끊겼다고 보는 것이 일반적이다. 대다수의 학자들이 인도에서의 불교 쇠멸 시기를 12세기로 잡고 있는 이유도 교단 내외의 상황으로 볼 때, 12세기 이후의 모습은 지속적인 유지라기보다는 소멸의 잔영에 가깝기 때문이다. 그러나 성대했던 초기 불교 시대를 기준으로 볼 때, 그 이후의 시대는 점차 내리막으로 기울어 가는 과정이었다는 점을 부인하기 어렵다. 요컨대 인도에서 불교가 쇠멸하게 된 시점을 구체적으로 특정하기란 쉽지 않으며, 교단 내외의 상황 변화에 따라 점진적으로 기울어갔다고 할 수 있다.

교단 외부 원인설

그렇다면 불교가 인도에서 쇠멸하게 된 이유는 무엇일까? 먼저, 불교의 외부에서 그 원인을 찾는 견해가 있다.

인도 불교의 쇠퇴가 교단 외적인 영향에서 비롯되었다고 보는 입장에서는 왕족을 비롯한 정치적 지배 계층의 후원이 감소한 것, 브라만교 즉 힌두 교도의 박해, 이슬람 교도의 침입 등을 거론한다. 그 중에서도 가장 많은 지지를 받는 원인은 이슬람 세력의 인도 침공이다. 10세기 초엽에 터키 무슬림이 인도로 침입하기 시작한 이래로 이슬람 교도들이 불교 사원들을 파괴했던 데에는 그 나름대로의 이유가 있었다. 그들의 신앙에 의하면 사원의 불상들은 한갓 우상에 불과했기 때문이었다. 따라서 이슬람 교도들이 불교를 박해했고, 그들이 인도 불교의 조종弔鐘을 울린 주도 세력이었던 것은 의심할 나위가 없다. 하지만 이슬람의 공격에 대해서 불교 쪽에서는 특기할 만한 아무런 저항도 하지 못했는데, 그 이유로 불교가 금욕적이며 비폭력적인 종교였다는 점을 꼽기도 한다. 그렇지만 이슬람의 공격에 대한 불교의 대응 여부와는 무관하게 불교의 쇠멸 시기를 12세기로 잡는 주요 근거 역시 이슬람 왕조가 북인도에서 그 세력을 확장하기 시작했던 때와 맞물려 있다.

교단 내부 원인설

앞서 말한 주장처럼 교단 외부적인 상황이 불교가 더 이상 발전 또는 지속될 수 있는 환경이 아니었다는 사실과 더불어 불교 그 자체로도 이미 죽기 직전에 이를 만큼 늙었다고 평하는 이도 있다. 그 까닭은 서기 1200년경에 다다른 불교 교단은 너무 오랜 세월 탓에 교단의 힘이 쇠진할 대로 쇠진했기 때문이라는 것이다. 그러나 불교 교단의 쇠진은 단순히 해묵은 세월 탓이 아니다.

현대의 많은 학자들은 "인도에서 불교가 사라지게 되는 근본 원인은, 그 당시에 유행하던 비슈누교, 쉬바교, 탄트라교 등과 같은 힌두교의 여러 종파들과 불교 사이에 아무런 차이가 없게 되었다는 사실에 있다"라는 견해에 동의한다.

그러한 견해를 따르자면 불교의 사상적 변천, 즉 금강승으로 발전된 불교 자체의 변화에 그 원인이 있다는 것이다. 하지만 이는 금강승 불교가 다른 나라, 예컨대 티베트나 일본에서는 더욱 완숙된 형태로 정착되었다는 점을 고려할 때 설득력을 갖는다고 볼 수 없다. 금강승 불교의 사상적 독자성을 부인하기란 쉽지 않기 때문이다. 그런데 이러한 입장은 탄트라적 경향이 기존의 청정하고 고상한 불교를 타락 내지 파멸로 이끌었다는 인상에 기초하고 있는 듯하다.

그러나 사상과 실제는 구분해야 한다. 금강승이라는 사상의 정립으로 불교 교단이 눈에 띄는 발전을 이루지 못했다고 하여 곧장 소멸의 원인이 되었다고 볼 수는 없다. 물론 힌두교의 입장에서 금강승 불교를 보자면, 이질성이나 독창성보다는 유사성과 공통점이 크게 부각될 수도 있다. 그렇다고 하여 불교의 쇠락을 사상적 변질이라든지 불교의 힌두교화에 있다고만 보기에는 충분하지 않다.

이와 같은 교리적인 측면 외에 교단 내부적 측면으로 교단 구성원들의 타락과 부패상, 또는 교단 자체가 쇠진하여 재가 신도를 충분히 양성하지 못하였다는 점이나 탁월한 사상가들이 인도 밖으로 유출되었다는 점도 쇠퇴의 원인이 되었다고 한다.

그 중에서 특히 교단의 부패와 타락은 쇠퇴의 동인動因으로 작용했으리라고 쉽게 짐작할 수 있다. 금강승 불교의 한쪽, 예컨대 좌도 밀교에서는 탄트라적인 요소가 지나쳐서 방종으로 치달았고, 교단의 도덕적인 해이도 매우 심각했다. 예를 들자면, 7세기에 현장 스님은 신드(Sindh) 지역의 수행승이 처자식과 함께 살면서 가축도 기르고 살생을 일삼는 실상에 대해 기록하고 있다.

더구나 이미 초기 교단에서도 느슨해진 계율에 대한 논박이 이루어졌다는 점을 상기한다면, 금강승 교단의 실상은 말 그대로 '말법末法 시대'와 같았으리라. 그래서 때로는 경전에 나타나 있는 말법 시대가 바로 인도 땅에서의 불법의 소멸 시기라고 해석하는 이들도 있다. 그러나 다른 슈라마나 교단인 자이나교에서도 그 당시 기강의 해이가 비판의 대상이 되었고 쇄신의 바람이 불었다는 것을 고려한다면, 교단 구성원의 타락상 또한 절대적인 요인은 아니었다고 본다.

다만 교단 내부의 문제와 관련하여 구성원의 변화도 적잖은 요인으로 작용했다. 교단을 이끌던 탁월한 사상가들이 외국으로 계속 빠져나가는 것과 맞물려서 인도 교단에는 갈수록 하층민 출신의 비중이 커져만 갔다는 점도 또 다른 요인으로 분석되고 있다. 이 점은 불교의 성립 초기에 출가자의 70 ~ 80 퍼센트 정도가 도시 출신의 상층 계급 신분이었다는 점과 비교해 볼 수 있다. 튼실한 지성의 기반이 없는 교단은 모래성과 다를 바 없기 때문이다.

이와 같은 교단 구성원의 변화는 정치적 지배 세력 또는 사회적 상층 계급의 후원이나 외호가 없어진 시대 상황과는 별개로 교단의 힘을 약화시키는 데 일조했을 것이다.

신앙 양상의 변화

초기 불교가 브라만교 또는 힌두교와 구별되는 가장 큰 특징은 제사 의식을 철저히 거부했다는 점이다. 붓다는 전법의 초기부터 해탈을 성취하는 데 어떠한 의식이나 제의가 필요한 것은 아니라고 강조하였다. 그러한 가르침은 불승 시대까지만 해도 교단 내부에서 행해지는 최소한의 의식 외에 특별한 제의를 행하지 않음으로써 잘 지켜져 왔다고 볼 수 있다.

그러나 대승을 거쳐서 금강승에 이르면서 불교에서도 의식은 매우 중시되었고, 힌두교와 크게 다를 바 없는 양상을 띠고 말았다. 또한 초기 불교에서 부정되었던 유신론적 신앙에 점차 영향을 받아 각종 신격들이 불교 신앙의 한 자리를 차지하게 되었다. 더구나 대승의 보살 신앙과 다불多佛 사상은 자력 신앙을 중시하던 불교를 타력 신앙으로 바꾸어 놓는 결과를 낳았다.

붓다가 최후까지 오로지 강조했던 것은 각자 스스로에게 의지하여 자신을 구원하라는 것이었다. 바로 그러한 구원의 길을 제시했다는 점에서 구세주였던 붓다는, 세월의 변용을 거치면서 붓다 그 자신만이 중생을 구원해 주는 궁극적인 최상의 구원자로 등극하고 말았다.

불교는 그 최초에 그러했듯이 항상 민중의 관심과 더불어 성장 발전해 왔다. 물론 상인층과 지배 계급의 전폭적인 지지에 힘입어 성장했던 것도 사실이지만 불교 교단과 교의의 핵심은 항상 민중의 마음을 읽는 데 있었다. 그러나 중생의 고통에서 눈 돌리지 않고 함께 아파하며 그 고통을 위로하고 없애기 위한 승단의 노력이 퇴색되어 갈수록 민중의 마음도 불교에서 멀어져 갔던 것이다.

쇠멸로 이끈 분파의 대립

가우타마 붓다 이래로 성장 일로의 길을 걷던 불교 교단. 붓다의 입멸은 불승의 시대를 낳았고 수많은 부파의 분열 시대를 거쳐서 대승의 시대, 금강승의 시대로 전개되었다. 그런데 불승을 거쳐서 대승, 금강승이 등장했다는 사실은 언뜻 보기에는 통합적인 단일 교단이 거듭 변신한 듯이 여길 수 있지만 실상은 그렇지 않았다. 대승이 주류였던 시기에도 기존의 부파들과 더불어서 여러 학파가 쉼 없이 생겨나서 대립하였다. 특히 논리학이 성행하여 그로 인한 학파별 논쟁은 더욱 격렬하게 드세져만 갔다.

붓다가 교단을 정립하고 강조했던 '일미一味 화합'이라는 말은 이미 죽은 지 오래였던 것이다. 하나의 불법 아래 한데 모여 수행한다는 교단의 미덕은 온데간데없어지고 말았다. 불교는 더 이상 하나의 교단이 아니었다. 그러한 분열의 시점은 7세기부터라고 볼 수 있다.

생명 세포의 분열을 제외하고 분열이 이득인 경우가 얼마나 될 것인가? 다른 슈라마나 교단인 자이나교의 사례는 불교와 큰 대조를 이룬다. 자이나교가 불교보다 훨씬 더 오랜 역사를 지니고도 인도에서 변함없이 유력한 종교로 살아남을 수 있었던 첫째 요인이 분파의 예가 매우 적었던 탓이라는 평가를 상기한다면 불교의 쇠멸을 더 쉽게 이해할 수 있을 것이다.

불교 학파 간의 치열한 논쟁은 사상적 발전 측면보다는 그 수명을 단축시키는 데 큰 역할을 하고 말았다. 단적으로, 논장에 포함된 문헌의 특징은 자파를 제외한 다른 학파를 논파하는 데 진력하고 있다는 점을 주목할 필요가 있다. 이 점은 초기 경장에서는 교단 밖의 외도를 겨냥하는 논쟁이 주류를 이루고 있는 점과 대비된다.

더 나아가서 교단 내 학파 간의 논쟁은 불교도와 외도 간의 논쟁보다 훨씬 더 신랄하게 전개되었다. 그리고 일단 분열을 시작한 교단은 갈수록 구심력을 잃고 조직이 느슨해져서 분열이 가속화되었고, 결국 이러한 분열은 교단이 쇠약해지는 데 결정적인 요인으로 작용하게 되었다.

덧붙여서 말하자면, 현대 인도 사학자들은 역사적으로 인도의 문화적 전성기가 불교의 전성기와 겹치고 있다는 점에 주목하고 있다. 인도에서 불교가 사라진 뒤에 인도의 역사는 이슬람 세력과 그 뒤를 이은 크리스트교 문화 세력에 의해 오랜 세월 동안 지배되는 결과를 초래하고 말았다. 그런데 현대에 이르러 새롭게 싹트기 시작한 신불교 운동이 인도의 발전과 걸음을 같이하고 있다는 사실은 예사롭지 않다.

불교의 부흥

　인도에서 쇠퇴의 길을 걷던 불교가 다시 부흥하기 시작한 것은 19세기 말부터였다. 인도 땅에서 자취를 감춘 불교가 다시 되살아나는 데 선구자 역할을 담당했던 인물은 스리랑카 콜롬보 출신의 아나가리카 다르마팔라(Anagarika Dharmapala, 1864~1933)였다.

다르마팔라, 불교 부흥의 선구자

　다르마팔라는 엄밀히 말해서 인도인은 아니었으나 이미 수세기 전에 맥이 끊긴 인도 불교의 명맥을 이어놓은 첫 출가 수행자였으며, 인도 불교의 부활이라는 문고리를 열어젖힌 선구자였다는 사실은 그 누구도 의심하지 않을 것이다. 그의 본명은 데이비드 헤와비타르네(David Hewavitarne)였다. 그의 가족은 매우 신심이 깊은 싱할리족 불교도 집안이었다. 하지만 나중에 출가자라는 뜻의 아나가리카와 그의 법명 다르마팔라를 합해서 '아나가리카 다르마팔라'라고 불리기 전, 데이비드는 대학 때까지 학창 시절 내내 다양한 크리스천 교육을 받았다. 그럼에도 불구하고 그가 프로테스탄트도 가톨릭 교도도 되지 않았던 까닭은 불심 깊은 부모님의 가정 교육 덕분이었다고 한다.

전통적인 불교 사상이라는 토대 위에 제국주의적인 크리스천 교육을 받은 데이비드는 고상하고 겸손한 인격자로 성장했으며, 이상적인 진리를 사회 속에서 구현하고자 모색하기 시작했다. 마침내 그는 불교에서 그 해답을 발견한 뒤, 자신의 일생을 붓다의 다르마를 수호하는 데 바치기로 결심했다. 장남이었던 다르마팔라는 독신 수행자로 살기로 선언하고, 적극적으로 열정을 다해 불법을 포교하기 시작했다.

마침내 1891년 7월 15일 다르마팔라는 인도 보드가야(Bodh-Gayā)에서 불교가 사라진 지 무려 7세기 만에 다시 불교기佛敎旗를 세우기에 이른다. 하지만 그 당시 보드가야의 마하보디 사원은 쉬바파 힌두교가 점유하고 있었다. 그는 붓다가 깨달음을 얻었던 성지를 회복하기 위해서 1891년에 마하보디 협회를 세우고, 이듬해부터 『마하 보디 저널*Maha Bodhi Journal*』을 발간(1892년 5월 창간)하여 범세계적인 불교 구심체를 이루는 데 성공했다. 지속적이고 열정적인 그의 노력을 바탕으로 하여 결국 마하보디 사원을 비롯한 주요 불교 성지들을 마하보디 협회가 관리할 수 있게 되었다.

다르마팔라는 인도 불교의 재건에 그치지 않고 전 세계에 불교를 포교하기 위해서 일생토록 변함없이 전진했다. 하지만 불교도라면 누구든지 그의 첫째가는 공헌으로 힌두 교도와 대지주들의 사유지로 전락하고 말았던 옛 성지들을 되찾아서 인도 불교가 부활하는 기틀을 다졌다는 점을 꼽을 것이다. 모국인 스리랑카를 벗어나 세계로 활동 영역을 넓힌 다르마팔라는 '진리의 수호자'라는 이름 그대로 붓다의 진리를 수호하고 붓다의 땅, 인도를 비롯하여 세계 각국에 불법의 봉홧불을 올린 선구자였다.

암베드카르와 신불교 운동

다르마팔라로 인해서 촉발된 인도 불교의 부흥이라는 신바람은 암베드카르라는 혁명적인 인물의 등장으로 새로운 국면을 맞이하게 된다. 그 이름을 따서 '암베드카르 운동'이라고도 부르는 '신불교 운동'의 주창자는 빔라오 람지 암베드카르(Bhimrao Ramji Ambedkar, 1891~1956)이다. 그는 마하라슈트라주의 암바바데(Ambavade)에서 태어났다. 가장 낮은 신분 계층에 해당하는 마하르(Mahar) 카스트 출신이었던 암베드카르. 마하르 카스트란 거리 청소나 쓰레기 소각 등을 담당하던 계층 집단이며 소위 '불가촉 천민'이다.

힌두 사회에서, 불가촉 천민은 다만 탄생함으로써 인간 존재로 인정될 뿐이었고, 사회적으로는 상층의 힌두 계급과는 간접적으로도 접촉할 수 없을 만큼 열등한 신분을 지닌 집단이었다. 실제로 상층 계급은 불가촉 천민의 그림자조차 닿기를 꺼려하는 것이 아직까지 인도의 현실이기도 하다. 하지만 그토록 뿌리 깊은 신분제 사회 속에서, 암베드카르는 정통적인 불교의 교리에 따라서 사회적인 신분 차별은 부당하다는 것을 강조했던 인물이다. 이러한 점에서 그는 마틴 루터 킹 (Martin Luther King, 1929~1968)과 비교되기도 한다.

암베드카르가 1956년 10월 14일에 마하라슈트라 주의 나그푸르 시에서 불교에 귀의하는 개종식을 주도했던 첫째 동기도 바로 불교의 인간 평등 사상에 있었다. 그 당시 집단 개종식에 참여했던 사람들은 80만 명에 이르렀는데, 그 대부분은 하층 계급 출신이었다. 그 날 집회에 참석했던 사람들 가운데 50만 명 정도가 불교로 개종했다고 전하는데, 그토록 많은 사람들이 일시에 개종했던 것은 유례에 없는 일로서 역사적인 기록으로 남아 있다.

암베드카르는 그 개종식에서 다음과 같은 내용의 22가지 서약을 선포하였다.

1) 나는 브라만, 비슈누, 마하데바의 신을 인정하지 않고 예배하지 않는다.

2) 나는 라마와 크리슈나의 신을 인정하지 않고 예배하지 않는다.

3) 나는 가우리, 가나파티, 그 외 힌두교의 여러 남신, 여신을 인정하지 않고 예배하지 않는다.

4) '신은 화신으로 나타난다'라는 것을 믿지 않는다.

5) '붓다가 비슈누의 화신'이라는 것을 인정하지 않는다. 이 전승은 오류이다.

6) 나는 조령제祖靈祭를 행하지 않는다.

7) 나는 불교에 반하는 어떠한 말과 행위도 하지 않는다.

8) 나는 어떤 의식도 브라만의 손을 빌리지 않는다.

9) 나는 전 인류는 평등하다는 주장을 인정한다.

10) 나는 평등 사회를 이룩하기 위하여 노력한다.

11) 나는 8정도를 준수한다.

12) 나는 10파라미타를 준수한다.

13) 나는 일체 중생에 대한 연민의 마음으로 불살생을 준수한다.

14) 나는 도둑질을 하지 않는다.

15) 나는 헛된 말을 하지 않는다.

16) 나는 삿된 음행을 범하지 않는다.

17) 나는 술을 마시지 않는다.

18) 나는 불교의 지혜, 지계, 삼매에 따라 생활하고자 노력한다.

19) 나는 인간을 불평등하게 취급하는 힌두교를 버리고 불교를 받아들인다.

20) 불교만이 참된 종교라는 것이 나의 신념이다.

21) 나는 이제 다시 태어났다는 것을 인정한다.

22) 나는 붓다의 가르침에 따라 행동한다는 것을 신성하게 맹세한다.

이와 같은 22가지 서약을 외친 암베드카르가 "나와 함께 불교로 귀의할 사람은 일어서시오"라고 말하자 그 곳에 모인 사람들이 모두 일어나서 그 서약을 반복하고 개종했다. 그것은 일대 사건이었다. 그 후로 기존의 종교, 특히 힌두교 신앙을 포기하고 불교로 개종하는 일이 연이어 생겨났으며, 그러한 움직임들을 '새로운 불교 부흥 운동'이라 불렀다.

신불교 운동을 주도했던 암베드카르의 궁극적 목적은 불가촉 천민이 인간으로서의 기본권을 향유하는 데 있었다. 슈드라의 신분이나 여성으로서는 신에게 가까이 갈 수 없다고 규정하는 힌두교의 불평등을 비판하고, 불교의 평등주의를 고양시킨 암베드카르의 주창은 전국적으로 큰 반향을 일으켰다. 그를 따라서 개종한 하층민들의 불교를 지칭하는 말로 신불교 (Neo-Buddhism, New Buddhism)라는 새로운 용어가 생겼지만, 이는 원초적인 가우타마 붓다의 사상과 뭔가 다른 것이 있다는 뜻은 전혀 아니다.

개종식을 마친 암베드카르는 행사를 마치자마자 네팔의 카트만두에서 개최되는 세계불교도연맹의 개회식에 참석하여 연설하고 나서, 불교 유적지를 순례한 후 뭄바이로 돌아왔다.

그런데 1956년 12월 6일 아침, 그는 이미 싸늘해진 시체로 발견되었다. 그의 타계로 인해 하층민들 사이에서 열렬했던 불교로의 개종이 멈출 것으로 예상되었으나, 오히려 나그푸르, 푸나, 아메다바드, 아그라 등지에서 집단적 개종은 계속되었고, 그의 영향력은 생전보다도 사후에 더 크게 발휘되었다.

신불교 교도들은 암베드카르의 이름인 빔라오(Bhimrao)를 따서 "비맘 샤라남 갓차미(Bhimam śaraṇam gacchami)"라는 구절을 귀경게에 편입시켰다. 불, 법, 승, 3보에의 귀의만이 아니라 암베드카르에게도 귀의한다는 구절을 더하여 4보 귀의로 바뀐 것이다.

현대 인도의 불교도들은 암베드카르가 보살과 같다고 여긴다. 현대 인도 불교도의 개종에 큰 역할을 했던 그의 공적을 인정한 결과이다. 현재, 마하라슈트라 주를 중심으로 암베드카르의 유업을 잇고 있으며 불교로의 개종은 갈수록 확산되어 가고 있다.

2001년 통계에 따르면, 인도의 불교도 수는 전 인도 인구의 0.77퍼센트에 달하며, 그 중 20퍼센트에 이르는 불교도가 마하라슈트라 주에 집중되어 있다. 이로써 암베드카르의 영향력이 얼마나 큰지 짐작하고도 남는다.

암베드카르로 인해서 개종 바람이 불기 시작한 인도에서는 최근까지도 불교 신자가 급속히 증가하는 추세에 있는 것이 사실이다. 하지만 더 엄밀하게 말하자면, 암베드카르의 신불교 운동은 불교 자체의 부흥이라기보다는 불교를 통해 천민들의 사회적 지위를 개혁하고자 했던 사회 운동이었다는 평가를 면할 수 없다.

근년에 인도 곳곳에서 펼쳐지고 있는 불교 개종식을 비롯한 불교도의 집회는 인도뿐만 아니라 세계의 이목을 집중시키고 있다. 2001년 11월 4일에는 인도의 수도 뉴델리에서 '전 인도 불가촉민 연합회'의 의장인 람 라즈(Ram Raj)가 주도하는 집단 개종 집회가 열렸다. 이 때 운집했던 100만 명에 달하는 하층민들이 불교로 개종하고자 했으나 그 중 80퍼센트 이상의 사람들이 경찰의 제지를 받고 집회장에 들어가지 못하는 사태가 벌어지기도 하였다. 그 집회에서는, "우리는 더 이상 힌두의 신들에게 기도하지 않을 것이다. 모든 인간은 평등하다는 것이 불교의 가르침이다"라는 내용의 선언을 낭독함으로써 암베드카르의 신불교 운동의 정신을 계승하고 있다는 점을 분명히 하였다.

힌두 교도와의 충돌을 우려한 정부 측의 강압적인 대응으로 인하여 개종 의식이 순조롭게 성사되지 못하고 있는 것이 인도의 현실이다. 하지만 이에 굴하지 않고 '인도 불교 청년회' '불교도 발전 협회' 등 여러 불교 단체를 중심으로 다양한 집회와 의식, 축제 등을 거행하고 있다.

그 중에서도 특히 웃타르프라데쉬 주의 상카시아 지역에 거주하고 있는 샤키야족의 후손들이 매년 음력 9월 보름에 개최하는 상카시아 불교 대축제의 경우는 20년이 넘도록 이어지고 있는 행사로, 가우타마 붓다의 가르침을 널리 고양시키는 계기가 되고 있다. 또한 이러한 추세에 힘입어서 인도 곳곳에 불교 사원을 세우기 위한 각종 모금 행사가 펼쳐지고 있으며, 해외 불교도들의 도움을 간절히 요청하고 있기도 하다.

인도 속 티베트 불교

그런데 최근 인도의 불교 부흥에는 또 다른 요인 하나가 덧붙여지고 있다. 바로 티베트인들의 유입과도 무관하지 않다는 점이다.

티베트 지역을 중국이 점령한 뒤 거세지는 박해를 피하고자 티베트인들은 국경을 넘기 시작했으며, 1959년에는 약 10만 명의 티베트인들이 인도로 피난하기에 이르렀다. 그 후로도 이어지고 있는 티베트 불교도들의 인도 이주는 사실상 인도 불교의 확산에 도화선을 당기는 역할을 하였으며, 암베드카르의 신불교 운동보다도 훨씬 더 강한 영향을 주고 있는 것이 실제 현실이기도 하다.

고향에서 추방당한 신분임에도 불구하고 티베트 불교의 스승들은 인도뿐만 아니라 세계 각지에 불교 사상을 전파하는 데 큰 역할을 하고 있다. 그 중에서도 특히 인도는 티베트 불교의 직접적인 수혜자로서 새로운 인도 불교사를 쓰고 있는 중이다.

지금까지 우리는 중세 이후의 인도 역사에서 지속적으로 살아 있는 불교의 전통은 끊겼다고 말해 왔다. 하지만 앞서 말했듯이 여러 가지 정황으로 볼 때 이제 불교의 산실, 인도에서 불교가 다시 살아나는 기미가 확연하다는 것 또한 부인할 수 없다.

물론 인도 정부가 불교 성지를 대대적으로 개발하는 속내는 해외 관광객을 유치하기 위한 인프라를 구축하는 데 있다고 볼 수 있다. 갖가지 기념비와 박물관을 세우고 성지 주변을 정비하며 도로망을 확충하여 성지를 찾는 이들에게 편의를 제공하고 매년 성대한 불탄일 행사도 거행하고 있다.

특히 인도 관광부는 주요 불교 성지 22곳을 선정하고 집중적으로 홍보하고 있다. 그러한 움직임 중에서도 가장 주목할 사안은 날란다 대학의 복원이 추진되고 있다는 점이다. 2006년 11월, 비하르 주 정부와 일본, 싱가포르 등이 복원에 합의하여 날란다 대학이 아시아 학문 연구의 중심지로 부활할 것을 예고하고 있다. 일명 "불교 문화의 고리"를 부활시키는 작업이다. 이처럼 인도에서의 불교의 부흥은 관광만을 염두에 두는 것은 아니다. 인도 문화의 정수가 불교에 있다는 데 그 인식을 새롭게 하고 있다는 점이 주목된다.

인도인들 스스로 자인하고 있다. 인도에서 불교가 융성했을 때, 그 때가 인도의 국운이 융성했을 때라는 것을. 지금 인도가 새롭게 부상하고 있다. 그와 동시에 인도 불교가 부활하고 있다.

인도 불교사 붓다에서 암베드카르까지

펴낸날	초판 1쇄 2007년 11월 5일
	초판 2쇄 2012년 2월 27일

지은이	김미숙
펴낸이	심만수
펴낸곳	(주)살림출판사
출판등록	1989년 11월 1일 제9-210호

경기도 파주시 문발동 522-1
전화 031)955-1350 팩스 031)955-1355
기획 · 편집 031)955-4662
http://www.sallimbooks.com
book@sallimbooks.com

ISBN 978-89-522-0730-2 04080